PROJET DE STATUTS

DE LA

BANQUE NATIONALE

D'HAITI

PARIS

IMPRIMERIE Vᵉ ÉTHIOU-PÉROU

RUE DAMIETTE, 2 ET 4.

1880

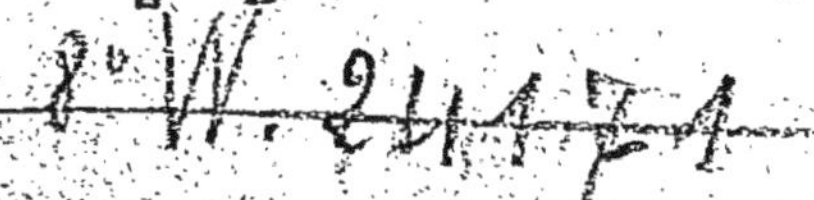

PROJET DE STATUTS

DE LA

BANQUE NATIONALE

D'HAITI

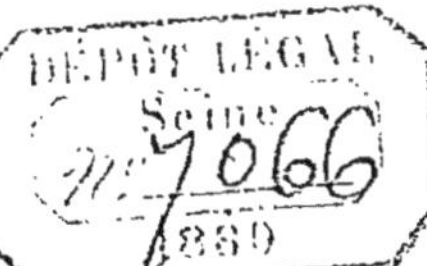

PARIS

IMPRIMERIE Vᵉ ÉTHIOU-PÉROU

RUE DAMIETTE 2 ET 4

1880

BANQUE NATIONALE D'HAITI

PROJET DE STATUTS

Par-devant

                    sont comparus :

MM.

    Lesquels ont exposé que, par suite de conventions arrêtées entre le Secrétaire d'État aux départements des Finances, du Commerce et des Relations extérieures de la République d'Haïti, approuvées par une loi en date du   , ils sont concessionnaires d'une Banque d'État destinée à fonctionner à Haïti.

    Voulant aujourd'hui réaliser ladite concession, ils arrêtent ainsi qu'il suit les statuts d'une Société française, conformément à la loi du 24 juillet 1867, pour la fondation et l'exploitation de ladite Banque.

TITRE PREMIER

Formation. — Dénomination, — Objet de la Société. Siége. — Durée.

ARTICLE PREMIER.

Il est formé, entre les propriétaires des Actions ci-après créées, une Société anonyme sous la dénomination de **Banque nationale d'Haïti**.

ART. 2.

La Société a pour objet de mettre en œuvre et d'exploiter la concession de Banque et le traité monétaire qui ont fait l'objet de conventions intervenues entre les comparants et le Gouvernement d'Haïti.

La Banque fera le service de Trésorerie du Gouvernement d'Haïti. Elle encaissera notamment pour le compte de l'État toutes les recettes de Douane. Elle lui fera des avances contre Bons du Trésor jusqu'à concurrence de la somme maximum de 1,500,000 francs, et moyennant intérêts.

Elle émettra des billets au porteur ayant cours légal et remboursables à présentation en espèces, à Haïti, en vertu du privilége exclusif résultant des actes de concession.

Elle prêtera son concours pour la mise en exécution, à Haïti, d'une nouvelle monnaie nationale; elle pourra se charger à forfait ou à commission de sa fabrication.

Elle pourra faire toutes les opérations ordinaires d'une Banque de dépôts, de prêts, d'escompte, de change et toutes autres.

Elle pourra faire toute émission de titres pour son compte ou pour celui de toutes autres compagnies ou sociétés.

Le tout dans les limites des actes de concession et traité monétaire susvisés.

Art. 3.

Le siége de la Société est à Paris, provisoirement rue de la Chaussée-d'Antin, n° 66, où se réunira son Conseil d'Administration. Il pourra être transféré en tout autre endroit de la même ville par décision du Conseil d'administration.

Son établissement principal sera à Port-au-Prince.

La Banque aura la faculté d'installer des agences ou succursales partout où les besoins du service l'exigeraient.

Art. 4.

La Société aura une durée de cinquante ans, à partir de sa constitution définitive, durée égale à celle de la concession.

Cette durée sera prolongée de plein droit d'une nouvelle période de cinquante années si, une année avant l'expiration de la concession, le Gouvernement d'Haïti ou la Société n'a pas manifesté l'intention de dissoudre la Banque, et ainsi de suite.

TITRE II

Apports.

Art. 5.

MM.

font apport à la Société :

1° De la concession de Banque qui leur a été faite par M. le Secrétaire d'État aux Départements des Finances, du Commerce et des Relations extérieures de la République d'Haïti, aux termes de la convention du   , approuvée par la loi du

2° Du traité monétaire intervenu avec M. le Ministre des Finances d'Haïti, sous la date du

approuvé par la loi

Lesdits traité, convention, textes de loi annexés aux présentes.

En conséquence, ils mettent entièrement en leur lieu et place et subrogent la Société dans tous les droits résultant des conventions et traités susvisés, à charge par elle d'en exécuter les clauses et conditions.

Pour rémunérer MM.

de apports, la présente Société leur attribue 25 °/₀ sur les bénéfices que cette dernière réalisera pendant toute sa durée dans les conditions stipulées au Titre VIII, article 46 des présents statuts.

Ledit bénéfice de 25 °/₀, auquel Messieurs les comparants auront ainsi droit sera représenté par des parts bénéficiaires dans les termes et conditions du Titre IX des présents statuts.

TITRE III

Fonds social. — Actions. — Versements.

Art. 6.

Le fonds social est fixé à 10 millions de francs.

Il se divise en 20,000 actions de 500 francs chacune.

Ces actions sont à souscrire.

La présente Société ne sera définitivement constituée qu'après la souscription totale des actions, le versement d'un quart au moins sur chacune d'elles et l'accomplissement des autres conditions prescrites par la loi du 24 juillet 1867, qui seront ci-après rappelées sous le titre XIII des présents Statuts.

Art. 7.

Par délibération de l'Assemblée générale extraordinaire, le capital social pourra être augmenté en une ou plusieurs fois par l'émission de nouvelles actions.

Dans ce cas, les propriétaires des actions antérieurement émises auront un droit de préférence, dans la proportion des titres déjà possédés par eux, à la souscription des 3/4 des actions à émettre. Le quatrième quart sera réservé aux porteurs des actions de jouissance.

Ceux d'entre eux qui n'auront pas un nombre d'actions suffisant pour en obtenir au moins une lors d'une nouvelle émission pourront se réunir pour exercer leur droit.

L'Assemblée, sur la proposition du Conseil d'Administration, fixera les conditions des émissions nouvelles ainsi que les délais et les formes dans lesquels le bénéfice des dispositions qui précèdent pourra être réclamé.

Art. 8.

Les titres libérés de 250 francs peuvent, au choix de l'Actionnaire, être créés nominatifs ou au porteur, si l'Assemblée générale a autorisé cette dernière forme.

Ces titres sont extraits d'un registre à souche et portent un numéro d'ordre. Ils sont revêtus de la signature de deux Administrateurs.

Ils sont frappés du timbre de la Société.

Art. 9.

Chaque action donne droit, dans la propriété de l'actif social et dans le partage des bénéfices, à une part proportionnelle au nombre des actions émises.

Art. 10.

La propriété des actions nominatives est établie par une inscription sur les registres de la Société.

La transmission des titres, soit entre les parties, soit à l'égard de la Société, s'opère par une déclaration de transfert et une acceptation de transfert, signées l'une par le cédant et l'autre par le cessionnaire.

L'ancien titre sera rendu à la Société, qui l'annulera et délivrera en échange au cessionnaire un nouveau titre.

La Société peut exiger que la signature et la capacité des parties soient certifiées par un agent de change, et, dans ce cas, elle n'est pas responsable de la validité du transfert.

Les titres au porteur se transmettent par la simple tradition.

Art. 11.

Les droits et obligations attachés à l'action suivent le titre dans quelques mains qu'il passe.

La possession du titre emporte, de plein droit, adhésion aux Statuts de la Société et à toutes les modifications qu'ils peuvent subir, ainsi qu'aux décisions de l'Assemblée générale des actionnaires.

Les héritiers ou créanciers ne peuvent, sous quelque prétexte que ce soit, provoquer l'apposition des scellés sur les biens et valeurs de la Société, ni s'immiscer, en aucune manière, dans son administration. Ils doivent, pour l'exercice de leurs droits, s'en rapporter aux inventaires sociaux et aux délibérations de l'Assemblée générale.

Art. 12.

Les actions sont indivisibles vis-à-vis de la Société, qui ne reconnaît qu'un seul propriétaire pour une action ; tous les copropriétaires d'une action sont, en conséquence, tenus de se faire représenter auprès de la Société par une seule et même personne.

Art. 13.

Sur le montant du capital de chaque action, un quart est payable en souscrivant.

L'époque des versements à effectuer sur le capital de chaque action sera fixée par le Conseil d'administration et annoncée deux mois au moins à l'avance par la voie du *Journal Officiel* de Paris et d'Haïti.

Les appels de fonds seront faits au fur et à mesure des besoins de la Société, mais sans que chaque appel puisse excéder le quart du capital nominal de l'action.

Il sera facultatif aux souscripteurs de se libérer par anticipation, aux conditions stipulées par le Conseil d'administration.

Art. 14.

A défaut de versement aux époques déterminées, l'intérêt sera dû pour chaque jour de retard, à raison de 6 %, par an, sans aucune mise en demeure.

La Société pourra exercer l'action personnelle contre les retardataires. Elle pourra aussi, soit distinctement de la poursuite personnelle, soit concurremment avec elle, faire vendre les actions en retard.

En cas de vente, les numéros des actions en retard seront publiés à Paris et à Haïti dans le *Journal Officiel*. A partir du   jour après cette publication, la Société, sans mise en demeure et sans autre formalité préalable, aura le droit de faire procéder à la vente des actions, sur duplicata, soit à la Bourse de Paris, par le ministère d'un agent de change, soit par le ministère et en l'étude d'un notaire de Paris. Les titres des actions ainsi vendues seront nuls de plein droit, et il sera délivré aux acquéreurs de nouveaux titres, ayant les mêmes numéros que les titres annulés.

En conséquence, toute action qui ne portera pas la mention régulière des versements qui auraient dû être effectués cessera d'être admise à la négociation et au transfert.

L'imputation du prix à provenir de la vente, après déduction des frais et intérêts dus, s'opérera en commençant par les versements les plus anciennement exigibles ; le déficit sera à la charge des obligés aux versements ; l'excédant du prix de la vente, s'il y en a, appartiendra à l'actionnaire retardataire.

Art. 15.

Les actionnaires ne sont engagés que jusqu'à concurrence du montant de chaque action ; au-delà, tout appel de fonds est interdit.

Art. 16.

Après avoir été libérées de moitié, les actions nominatives, pourront être converties en actions au porteur par décision de l'Assemblée générale.

TITRE IV

Obligations.

Art. 17.

La Société peut, par résolution du Conseil d'administration, émettre des obligations en titres nominatifs ou au porteur, remboursables au pair pendant la durée de la Société, et productives d'intérêts.

Toutes les conditions de création et de réalisation des titres seront également déterminées par le Conseil d'administration.

TITRE V

Administration de la Société.

ART. 18.

La Société est administrée par un Conseil composé de
   membres au moins et   au plus, nommés
par l'Assemblée générale des Actionnaires.

Chaque Administrateur doit être propriétaire de
actions, qui sont affectées, conformément à la loi, à la garantie
des actes de sa gestion. Ces actions sont inaliénables, frappées
d'un timbre indiquant cette inaliénabilité et déposées dans la
caisse de la Société.

ART. 19.

Le premier Conseil d'administration sera désigné par l'Assemblée générale des Actionnaires et sera nommé pour
ans.

ART. 20.

A l'expiration de ces   ans le Conseil sera renouvelé
en entier; ensuite le remplacement s'opérera par sixième chaque
année, suivant l'ordre fixé par le sort pour les six premières
années qui suivront ce renouvellement, et ensuite par rang
d'ancienneté.

Les Administrateurs sortants peuvent être réélus.

En cas de vacance dans le Conseil, par démission ou décès,
ou autrement, il sera pourvu provisoirement au remplacement
par le Conseil d'administration, jusqu'à la première Assemblée
générale, qui statuera sur la nomination définitive. Ce remplacement ne sera pas obligatoire tant que le nombre des Membres
ne sera pas inférieur au minimum statutaire.

L'Administrateur ainsi nommé par suite de vacance ne reste en exercice que jusqu'à l'époque où les fonctions de celui qu'il remplace devaient expirer.

Art. 21.

Chaque année le Conseil d'administration choisira parmi ses membres un Président et un Vice-Président.

En cas d'absence du Président et du Vice-Président, le Conseil désigne celui des membres présents qui doit en remplir les fonctions.

Le Président peut toujours être réélu.

Le Conseil désigne chaque année de ses membres chargés de l'exécution de ses décisions. Ce Comité n'aura d'autres pouvoirs que ceux qui lui seront spécialement délégués par le Conseil d'administration.

Il sera établi, en outre, auprès de l'Établissement du Port-au-Prince, un Conseil d'Escompte dont la composition et les attributions seront déterminées par un règlement du Conseil d'administration. Les membres du Conseil d'administration résidant à Haïti feront partie de droit de ce Conseil d'Escompte.

Art. 22.

Les Administrateurs reçoivent des jetons de présence dont la valeur est fixée par l'Assemblée générale.

Art. 23.

Il est interdit aux Administrateurs de prendre ou de conserver un intérêt, direct ou indirect, dans une entreprise ou dans un marché fait avec la Société, ou pour son compte, à moins qu'ils n'y soient autorisés par l'Assemblée générale.

Il est, chaque année, rendu à l'Assemblée générale un compte spécial de l'exécution des marchés ou entreprises par elle autorisés conformément au présent article.

ART. 24.

Le Conseil d'administration est investi des pouvoirs les plus étendus pour l'administration de la Société.

ART. 25.

Le Conseil d'administration délibère sur toutes les affaires de la Société;

Il fait tous les règlements du service intérieur de la Banque et détermine les dépenses générales d'administration, les traitements, honoraires, indemnités et gratifications, ainsi que les cautionnements;

Il fixe le taux de l'escompte et de l'intérêt, les changes, commissions et droits de garde, le mode à suivre pour l'estimation des lingots, monnaies ou matières d'or et d'argent, des marchandises;

Il autorise, dans les limites des Statuts, toutes les opérations de la Banque et en détermine les conditions;

Il passe et autorise les marchés, traités et transactions de toute nature;

Il autorise les achats de terrains et immeubles nécessaires pour les opérations de la Société; il peut, au besoin, les revendre ou les échanger;

Il autorise les achats ou ventes d'objets mobiliers;

Il représente la Société vis-à-vis de toutes administrations; il représente la Société en justice et exerce toutes actions judiciaires;

Il détermine le placement des fonds disponibles et règle l'emploi de la réserve;

Il autorise tous baux et locations, activement ou passivement;

Il autorise tous retraits, transferts et aliénations de fonds, rentes, créances et valeurs appartenant à la Société; il encaisse toutes sommes dues ou appartenant à la Société;

Il autorise toutes mainlevées d'opposition, d'inscription hypothécaire ou de saisies ainsi que tous désistements de privilèges ou d'actions résolutoires avec ou sans constatation de payement;

Il donne toutes quittances et décharges;

Il fait choix des effets ou engagements qui peuvent être admis à l'escompte, sans avoir besoin de motiver le refus;

Il statue sur les signatures dont les billets de la Banque doivent être revêtus, sur l'émission des billets;

Il détermine la nature et la quantité des coupures à émettre;

Il statue sur les retraits et l'annulation des billets, le tout en se conformant à la convention monétaire;

Il propose toute modification aux Statuts de la Société.

Il décide toute augmentation de capital et en règle les conditions;

Il présente chaque année, à l'Assemblée générale, les comptes de sa gestion, fait un rapport sur ces comptes et sur la situation des affaires sociales et propose à ladite Assemblée la répartition du dividende dans les termes des présents Statuts;

Il exécute toutes les décisions de l'Assemblée générale;

Les pouvoirs qui viennent d'être indiqués sont énonciatifs et non pas limitatifs.

Art. 26.

Le Conseil d'administration peut déléguer tout ou partie de ses pouvoirs, pour l'expédition des affaires courantes, à un ou plusieurs administrateurs dont le Conseil règle les attributions.

Il peut même choisir un ou plusieurs Directeurs ou sous-Directeurs, en dehors de la Société, et déléguer aussi tout ou partie de ses pouvoirs à telle personne que bon lui semblera,

mais seulement par un mandat spécial et pour un objet déter-
miné.

ART. 27.

Conformément à l'article 32 du Code de Commerce, les
membres du Conseil d'administration ne contractent aucune obli-
gation personnelle ou solidaire relativement aux engagements de
la Société.

Ils ne répondent que de l'exécution de leur mandat.

ART. 28.

Le Conseil d'administration se réunit à Paris, au siège social,
aussi souvent que les intérêts de la Société l'exigent, et au moins
une fois par mois.

La présence de cinq Administrateurs est nécessaire pour
valider une délibération; les délibérations sont prises à la majorité des voix; en cas de partage, la voix du Président est prépondérante.

Nul ne peut voter par procuration dans le Conseil d'administration.

ART. 29.

Les délibérations du Conseil d'administration sont constatées
par des procès-verbaux portés sur un registre tenu au siège de la
Société.

Elles sont signées par le Président et un Administrateur
ayant pris part à la délibération.

Les copies ou extraits des délibérations à produire en justice
ou ailleurs sont certifiés et signés par le Président du Conseil ou
par le membre qui en remplit les fonctions.

ART. 30.

Les transferts de rentes et effets publics appartenant à la

Société, les actes d'acquisition, de vente et d'échange de propriétés immobilières de la Société, les transactions, les marchés et actes engageant la Société, les acquits et endossements ainsi que les mandats sur la Banque et sur tous les dépositaires de fonds de la Société, doivent être signés par deux Administrateurs, à moins d'une délégation à un seul Administrateur ou à un mandataire spécial.

TITRE VI

Des Commissaires.

Art. 31.

Il est nommé, chaque année, en Assemblée générale, deux ou plusieurs Commissaires, associés ou non, actionnaires ou non, chargés de faire un rapport à l'Assemblée générale de l'année suivante, sur la situation de la Société et sur les comptes présentés par les Administrateurs.

La délibération de l'Assemblée générale, contenant approbation du bilan et des comptes, doit, sous peine de nullité, être précédée du rapport des Commissaires.

A défaut de nomination des Commissaires par l'Assemblée générale, en cas d'empêchement ou de refus des Commissaires nommés, il est procédé à la nomination ou au remplacement, par ordonnance du Président du Tribunal de commerce du siège de la Société, à la requête de tout intéressé, les Administrateurs dûment appelés.

Art. 32.

Pendant le trimestre qui précède l'époque fixée par les Statuts pour la réunion de l'Assemblée générale, les Commissaires ont droit, toutes les fois qu'ils le jugent convenable dans l'inté-

rêt social, de prendre communication des livres et d'examiner
les opérations de la Société.

Ils peuvent toujours, en cas d'urgence, convoquer l'Assemblée
générale.

Art. 33.

Les Commissaires reçoivent une rémunération dont l'importance est réglée par l'Assemblée générale.

Art. 34.

Indépendamment des Commissaires dont il vient d'être parlé
et dont les attributions sont réglées par la loi du 24 juillet 1867
sur les sociétés, il sera nommé auprès de la Banque, par le
Ministre des finances d'Haïti, deux Commissaires du Gouvernement, l'un au Port-au-Prince, l'autre à Paris, qui auront pour
mission de contrôler ses opérations sans pouvoir toutefois s'immiscer dans l'administration de la Banque.

TITRE VII

Assemblées générales.

Art. 35.

L'Assemblée générale se compose de tous les actionnaires
propriétaires de   actions au moins, ayant effectué les
versements appelés.

Chaque actionnaire a autant de voix qu'il possède de fois
       actions, sans qu'aucun actionnaire puisse, soit par lui-
même, soit comme fondé de pouvoirs, posséder plus de
voix.

Les propriétaires d'actions doivent, pour avoir le droit d'assister à l'Assemblée générale, déposer leurs titres ou certificats   jours au moins avant l'époque fixée pour la réunion aux lieux et entre les mains des personnes désignées par le Conseil d'administration.

Il est remis à chacun d'eux une carte d'admission.

Cette carte est nominative et personnelle, elle constate le nombre d'actions déposées.

Art. 36.

L'Assemblée générale, régulièrement constituée, représente l'universalité des actionnaires.

Art. 37.

L'Assemblée générale se réunit de droit chaque année, avant la fin du mois d

Elle se réunit, en outre, extraordinairement, toutes les fois que le Conseil en reconnaît l'utilité.

Les réunions auront lieu à Paris, au lieu indiqué par l'avis de convocation.

Les convocations doivent être faites par un avis inséré jours au moins avant l'époque de la réunion, dans le *Journal officiel* et dans un journal de Port-au-Prince.

Art. 38.

Tout actionnaire ayant droit de voter à l'Assemblée générale peut se faire représenter par un mandataire, pourvu que le mandataire soit lui-même actionnaire et membre de l'Assemblée.

Les pouvoirs, dont la forme sera déterminée par le Conseil d'administration, devront être déposés au siège social jours au moins avant l'époque fixée pour la réunion.

Art. 39.

L'Assemblée générale est présidée par l'Administrateur désigné par le Conseil.

Les deux plus forts actionnaires acceptants remplissent les fonctions de Scrutateurs.

Le Bureau désigne le Secrétaire.

Art. 40.

L'Assemblée générale délibère valablement lorsque les actionnaires représentent au moins le quart du fonds social.

Dans le cas où, sur une première convocation, les actionnaires ne rempliraient pas ces conditions, il sera procédé à une deuxième convocation, à un intervalle de

jours au moins et de   au plus, et le délai entre la publication de l'avis et la réunion sera pour ce cas réduit à

jours.

Dans cette seconde réunion, l'Assemblée délibérera valablement, quel que soit le nombre des membres présents et des actions représentées, mais seulement sur les objets à l'ordre du jour de la première Assemblée.

Art. 41.

Les délibérations sont prises à la majorité des voix des membres présents ou représentés. Le scrutin secret a lieu lorsqu'il est réclamé par le Bureau ou par cinq membres au moins de l'Assemblée.

En cas de partage, la voix du Président est prépondérante.

Art. 42.

L'Assemblée générale annuelle désignera, soit parmi les

actionnaires, soit parmi les personnes étrangères à la Société, deux ou plusieurs Commissaires investis des fonctions qui leur sont dévolues par les articles 32, 33 et 34 de la loi du 24 juillet 1867.

Art. 43.

L'Assemblée générale annuelle entend, discute et, s'il y a lieu, approuve les comptes; elle nomme, sur la présentation du Conseil d'administration, les Administrateurs en remplacement de ceux dont les fonctions sont expirées, ou qu'il y a lieu de remplacer par suite de décès, démission ou autres causes.

Enfin, elle prononce, dans la limite des Statuts, sur tous les intérêts de la Société.

Lorsque l'Assemblée a pour objet de statuer sur l'approbation du bilan et des comptes, sa délibération doit être précédée de la lecture du rapport des Commissaires, à peine de nullité.

Art. 44.

Les délibérations de l'Assemblée générale sont constatées par des procès-verbaux signés par les membres du bureau; les extraits de ces procès-verbaux à produire partout où besoin sera sont certifiés par deux membres du Conseil d'administration.

Il est tenu une feuille de présence: elle contient les noms et domiciles des actionnaires et le nombre des actions représentées par chacun d'eux.

Cette feuille, certifiée par le bureau, est déposée au siège social et doit être communiquée à tout requérant.

Si une nouvelle loi venait à réduire le nombre des actions qui doivent être représentées dans les Assemblées générales, aux termes des articles 29, 30 et 31 de la loi du 24 juillet 1867, les présents Statuts seraient régis par cette loi nouvelle.

TITRE VIII

**Comptes annuels. — Inventaires. — Fonds de Réserve et de Prévoyance.
Parts bénéficiaires. — Dividendes.**

Art. 45.

L'année sociale commence le 1ᵉʳ janvier et finit le 31 décembre.

Par exception, le premier exercice comprendra le temps écoulé entre la constitution de la présente Société et le 31 décembre 18 .

Il sera dressé chaque semestre un état sommaire de la situation active et passive de la Société, et au 31 décembre de chaque année, un inventaire général de l'actif et du passif.

Cet inventaire, le bilan et le compte de profits et pertes seront mis à la disposition des Commissaires, quarante jours au plus tard avant l'Assemblée générale annuelle.

Ils seront présentés à l'Assemblée générale, qui les approuve ou en demande le redressement, suivant qu'il y a lieu.

Art. 46.

Les produits nets, déduction faite de toutes les charges, constituent tous les bénéfices.

Sur ces bénéfices il est prélevé :

1° 5 °/₀ ou un vingtième pour la constitution de la réserve légale, jusqu'à concurrence du dixième du capital social ;

2° La somme nécessaire pour servir six pour cent (6 °/₀) aux actionnaires sur le montant de leurs versements ;

3° 10 °/₀ au Conseil d'administration.

Le surplus, sauf ce qui sera dit ci-après pour le fonds de

prévoyance et pour les parts bénéficiaires, sera réparti comme suit, à savoir : 25 °/₀ aux dites parts bénéficiaires stipulées au titre II, article 5 des présents Statuts, et le reste sera distribué entre tous les actionnaires proportionnellement aux actions par eux possédées.

Art. 47.

Sur les bénéfices restant disponibles, après les prélèvements indiqués aux numéros 1, 2 et 3 de l'article 46, l'Assemblée générale pourra encore prélever avant toute autre distribution une somme qui ne pourra, en aucun cas, dépasser le cinquième et qui sera destinée à la création d'un fonds de prévoyance dont elle déterminera le montant et les applications.

Les propositions à ce sujet, si elles émanent du Conseil d'administration, ne peuvent être repoussées que par une majorité composée des deux tiers des voies présentes ou représentées.

Art. 48.

Le paiement des dividendes se fait annuellement aux époques fixées par le Conseil d'administration.

Le Conseil d'administration pourra néanmoins, dans le courant de chaque année, procéder à la répartition d'un à-compte sur le dividende de l'année courante.

Art. 49.

Tous dividendes qui ne sont pas réclamés dans les cinq ans de leur exigibilité sont prescrits au profit de la Société.

Art. 50.

Lorsque le fonds de réserve aura atteint le dixième du capital social, le prélèvement affecté à sa formation pourra être diminué ou même suspendu. Toutefois, il reprendrait son cours à son chiffre primitif, s'il venait à descendre au-dessous du dit dixième.

TITRE IX

Parts bénéficiaires et faculté de rachat de ces Parts.

Art. 51.

Les parts bénéficiaires devant représenter la rémunération des apports indiqués au titre II article 5 des présents Statuts et donnant droit à 25 °/₀ sur les bénéfices dans les conditions expliquées au titre VIII, seront créées au nombre de   ; elles feront l'objet de titres spéciaux, dont la forme sera déterminée par le Conseil d'administration, qui les remettra à   dans le mois de la constitution définitive de la Société. Ces titres n'auront aucun droit dans la Société, ni dans son actif social. Ils auront seulement le droit de percevoir la portion de bénéfices à eux attribuée dans les conditions des présents Statuts. Ces titres seront nominatifs et pourront se transférer comme les actions.

Art. 52.

En cas d'augmentation du capital social, la présente Société aura la faculté d'opérer le rachat des parts bénéficiaires.

Ce rachat ne pourra s'opérer qu'en vertu d'une décision prise par l'Assemblée générale ordinaire, et ses effets remonteront au jour de l'ouverture de l'exercice social pendant le cours duquel cette mesure aura été décidée.

La valeur des parts bénéficiaires, au moment de leur rachat, sera alors déterminée par un tribunal arbitral composé de trois arbitres, dont un nommé par la Société et l'autre par les porteurs de parts bénéficiaires.

Les deux arbitres nommeront le troisième pour les départager en cas de désaccord entre eux.

La décision des arbitres est souveraine.

Art. 53.

Les parts bénéficiaires auront droit aux 25 °/₀ ci-dessus stipulés à leur profit proportionnellement à l'importance du capital social primitif de 10 millions par rapport au capital ainsi augmenté, aussi longtemps que la Société n'aura pas fait usage de la faculté qui lui est réservée par l'article 52.

Art. 54.

Enfin, dans le cas où la Société viendrait à être dissoute avant le terme fixé par l'article 3, pour sa durée normale, et pour une cause autre que celle prévue ci-après sous l'article 57 et avant que le rachat des parts bénéficiaires ait été opéré, ce rachat deviendrait obligatoire pour la Société et s'effectuerait sur les bases ci-dessus stipulées.

Art. 55.

Les dispositions du présent titre relatives à la faculté pour la Société de procéder au rachat des parts bénéficiaires ainsi qu'au seul droit appartenant dans les bénéfices de la Société à ces mêmes parts seront inscrites sur les titres.

TITRE X

Modifications aux Statuts.

Art. 56.

Lorsque l'Assemblée générale sera appelée à voter sur

les modifications aux Statuts, sur l'augmentation du capital social, sur la conversion en titres au porteur des actions nominatives de la Société libérées de moitié, sur des propositions de continuation de la Société au-delà du terme fixé pour sa durée ou de sa dissolution avant ce terme, les avis de convocation devront contenir l'indication de l'objet de la réunion.

La délibération sur les matières mentionnées au paragraphe précédent, ne sera valable qu'autant que la moitié des actions émises se trouvera représentée.

TITRE XI

Dissolution. — Liquidation.

Art. 57.

Le Conseil d'administration peut à toute époque et pour quelque cause que ce soit, proposer à une Assemblée générale extraordinaire la dissolution anticipée et la liquidation de la Société.

Art. 58.

En cas de perte des trois quarts du capital social, on suivra les dispositions de l'article 37 de la loi du 24 juillet 1867.

Art. 59.

En cas de dissolution de la Société, la liquidation s'opérera par les soins du Conseil d'administration, alors en exercice, à moins de décision contraire de l'Assemblée générale.

Art. 60.

Pendant toute la durée de la liquidation, les pouvoirs de l'Assemblée générale se continuent.

Elle a le droit notamment d'approuver les comptes de la liquidation et d'en donner quittance.

TITRE XII

Contestations.

Art. 61.

Dans le cas de contestations, tout actionnaire doit faire élection de domicile à Paris, et toutes les notifications et assignations sont valablement faites au domicile par lui élu, sans avoir égard à la distance de la demeure réelle.

A défaut d'élection de domicile, cette élection a lieu de plein droit, pour les notifications judiciaires et extrajudiciaires, au parquet du Procureur de la République près le Tribunal de première instance de la Seine, à Paris.

Le domicile, formellement ou implicitement élu, comme il vient d'être dit, entraîne attribution de juridiction au tribunal compétent du siège social.

De convention expresse, aucun actionnaire ne pourra intenter une demande en justice contre la Société, sans que cette demande ait été préalablement déférée à l'Assemblée générale des Actionnaires, dont l'avis devra être soumis aux tribunaux compétents, en même temps que la demande elle-même.

TITRE XIII

Conditions de constitution de la présente Société.

Art. 62.

La présente Société ne sera constituée qu'après :

1° Que toutes les actions auront été souscrites et qu'il aura

été versé, un quart au moins, sur chacune d'elles, ce qui sera constaté par une déclaration notariée, faite par M.
l'un des fondateurs, auquel tous les autres donnent pouvoir à cet effet, ainsi que pour faire le dépôt notarié du présent acte ;

2° Qu'une première Assemblée générale, où tous les actionnaires auront le droit d'assister, dont les membres représenteront la moitié au moins du capital social, aura reconnu la sincérité de la déclaration de souscription et de versement, et nommé un ou plusieurs commissaires à l'effet de faire un rapport à la deuxième Assemblée générale sur les apports des concessionnaires ainsi que sur les avantages stipulés au profit du Conseil d'administration ;

3° Et qu'une deuxième Assemblée générale, constituée de la même manière, aura, après un rapport imprimé émanant du ou des Commissaires, qui sera tenu à la disposition des actionnaires cinq jours au moins avant la réunion, statué sur lesdits apports et nommé les commissaires dont parle l'article 32 de la loi, et constaté l'acceptation des Administrateurs et des Commissaires présents à la réunion. Les deux Assemblées, pour délibérer valablement, devront être composées d'un nombre d'actionnaires représentant la moitié au moins du capital social.

Le capital social, dont la moitié doit être représentée pour la vérification des apports, se compose seulement des apports non soumis à vérification.

Par exception, ces deux Assemblées pourront être convoquées seulement   jours à l'avance, par une seule annonce dans le *Journal officiel* et le *Moniteur*.

Dans le cas où l'une ou l'autre de ces deux Assemblées générales ne réunirait pas un nombre d'actionnaires représentant la moitié du capital social, elle ne pourra prendre qu'une délibération provisoire. Dans ce cas, une nouvelle Assemblée générale sera convoquée. Deux avis publiés à huit jours d'intervalle, au moins un mois à l'avance, dans l'un des journaux désignés pour recevoir les annonces légales, font connaître aux actionnaires les résolutions provisoires adoptées par la première Assemblée, et ces résolutions deviennent définitives si elles sont approuvées par la nouvelle Assemblée, composée d'un nombre d'actionnaires représentant le cinquième au moins du capital social.

TITRE XIV

Publications.

ART. 63.

Pour faire les dépôts et publications de la présente Société, tous pouvoirs sont donnés au porteur d'une expédition ou d'un extrait des présentes.

6515. — Paris. — Imp. Vᵉ Éthiou-Pérou, rue Damiette

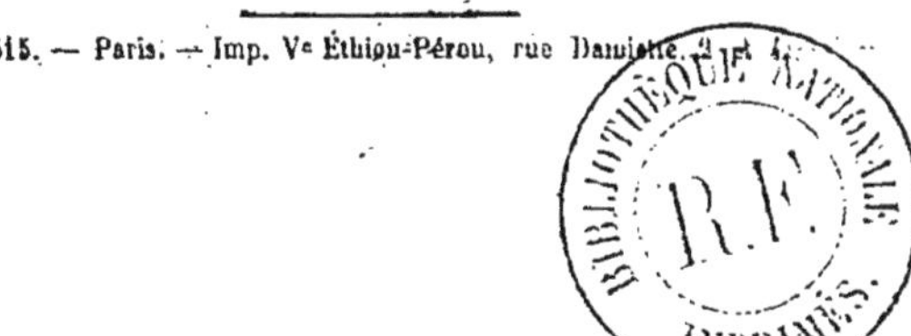

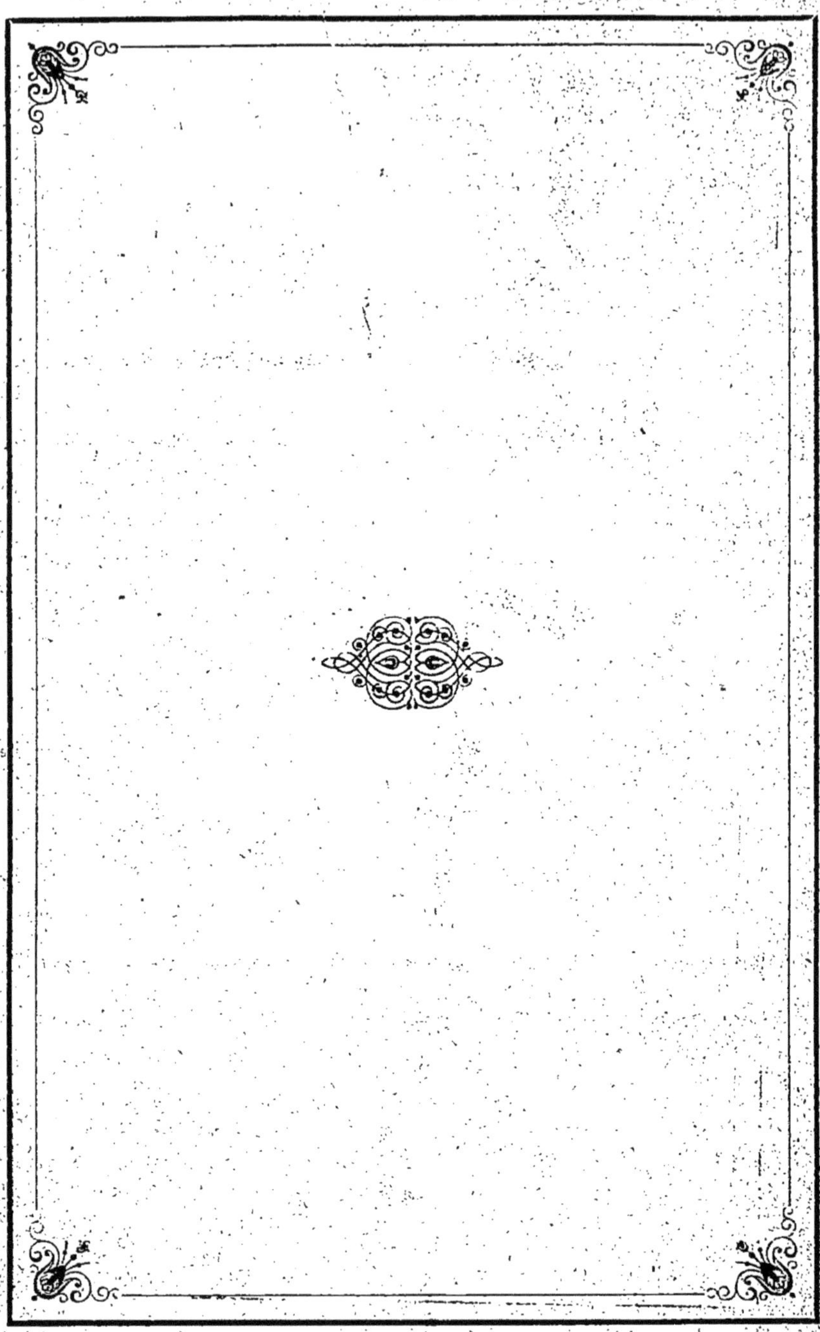

BANQUE NATIONALE D'HAÏTI

———

M. LAFORESTRIE (Étienne-Charles), Secrétaire d'État aux départements des Finances, du Commerce et des Relations extérieures de la République d'Haïti, agissant en ladite qualité,

D'une part,

Et M. Henri DURRIEU, Officier de la Légion d'honneur, Président du Conseil d'administration de la *Société générale de Crédit industriel et commercial*, agissant tant en cette qualité qu'au nom d'un comité de capitalistes, pour lequel il se porte fort,

D'autre part,

Ont arrêté entre eux les conventions suivantes pour être soumises à l'approbation des Chambres :

ARTICLE PREMIER.

Le Gouvernement de la République d'Haïti, voulant créer

une Banque d'Etat sous le titre de *Banque nationale d'Haïti*, concède à M. Durrieu, ès-qualités qu'il agit, le privilége de la création et de l'exploitation de cette Banque.

Art. 2.

Cette concession est faite pour cinquante années à partir du jour de la promulgation du décret qui approuvera la présente convention.

Une année avant l'expiration de la concession, le Gouvernement d'Haïti et la Société aux droits des concessionnaires dont il va être question auront la faculté de dénoncer leur intention de dissoudre la Banque. Le Gouvernement aura, dans ce cas et au moment de la dénonciation, à payer à la Banque tout ce qu'il pourra lui devoir en capital, intérêts et commission.

Ce remboursement devra avoir lieu en francs et au pair.

La Banque, de son côté, devra liquider toutes ses dettes et retirer les billets en circulation en les remboursant en monnaie de bon aloi. Après expiration des délais légaux, la valeur des billets qui n'auraient pas été présentés au remboursement appartiendra à la Banque.

Dans le cas où, une année avant l'expiration de la concession, le Gouvernement ou la Société ne manifesterait pas l'intention de résilier le présent contrat, la Banque continuerait de droit à exister pendant une nouvelle période de cinquante années et ainsi de suite.

Art. 3.

La Banque sera constituée en Société anonyme Française, en conformité de la loi du 24 juillet 1867 sur les Sociétés; son siége social sera à Paris, où se réunira son Conseil d'Administration. Son établissement principal sera au Port-au-Prince.

La Banque aura la faculté, en se concertant avec le Gouvernement, d'installer des Succursales ou Agences partout où le besoin du service l'exigerait ; elle aura seule l'appréciation de l'opportunité de la création de ces Succursales.

Art. 4.

Le capital de la Banque sera de dix millions de francs, divisé en 20,000 actions de 500 francs qui seront libérées de 250 francs et mises au porteur après l'accomplissement des formalités légales. '

Ce capital pourra être augmenté si le développement des opérations de la Banque rendait cette augmentation nécessaire.

Art. 5.

Les soussignés, d'autre part, sont autorisés à faire apport à ladite Société de la présente concession ainsi que du traité relatif à la fabrication monétaire dont il sera ci-après parlé.

Art. 6.

La Banque sera administrée au Port-au-Prince par un ou plusieurs Directeurs délégués par le Conseil d'Administration de ladite Société dont ils tiendront leurs pouvoirs.

Art. 7.

Il y aura auprès de la Direction de la Banque, au Port-au-Prince, un Conseil choisi par le Conseil d'administration, soit dans son sein, soit en dehors.

Les attributions de ce Conseil seront fixées par le Conseil d'administration, à Paris.

Art. 8.

Le Gouvernement Haïtien exercera son contrôle sur les opérations de la Banque, et, à cet effet, il sera nommé près d'elle par le Ministre des finances un Commissaire spécial qui sera chargé d'assurer la stricte exécution des conditions de la concession, sans que ce Commissaire puisse s'immiscer dans l'Administration de la Banque.

Le Gouvernement pourra également nommer un Commissaire spécial à Paris.

Art. 9.

La Banque a le privilège exclusif d'émettre des Billets au porteur, remboursables en espèces à présentation. Ce remboursement ne pourra être demandé qu'à l'établissement du Port-au-Prince ou de ses succursales à Haïti, s'il en est créé. Ces Billets, considérés comme monnaie, auront cours légal dans toute l'étendue de la République et seront reçus dans toutes les caisses publiques.

Art. 10.

Les billets de la Banque ne pourront être mis en circulation qu'après avoir été visés et signés par le Commissaire spécial du Gouvernement attaché à la Banque, et résidant au Port-au-Prince.

Ils porteront en outre la signature de l'un des Administrateurs de la Société et d'un des Directeurs de la Banque au Port-au-Prince.

Art. 11.

Le montant des billets en circulation ne pourra, en aucun cas, excéder le triple de l'encaisse métallique.

Ces billets pourront être émis en coupures de 5 gourdes, 10 gourdes, 20 gourdes, 100 gourdes et 200 gourdes.

Toute latitude est d'ailleurs laissée à la Banque pour fixer la quantité de chacune de ces coupures.

Art. 12.

Le Gouvernement, pour favoriser les transactions, tant dans la capitale que dans les provinces, s'engage à établir dans le pays une unité de monnaie nationale, dont la création devra coïncider avec l'établissement de la Banque.

La Banque sera seule chargée de faire frapper ces monnaies par la Direction de la Monnaie, à Paris, conformément au traité spécial passé avec M. le Ministre des finances, qui sera approuvé en même temps que les présentes par l'autorité compétente.

Le Gouvernement s'engage à démonétiser, dans un délai d'un an, toutes les monnaies actuellement en cours, et prend à sa charge tous frais et pertes que pourrait occasionner cette opération.

La Banque prêtera son concours au Gouvernement pour le remplacement des monnaies actuellement en circulation par la nouvelle monnaie nationale.

Art. 13.

Pendant toute la durée de la concession, le Gouvernement d'Haïti ne pourra émettre aucun papier-monnaie, ni autoriser aucune Banque ni établissement à jouir de privilèges semblables à ceux concédés à la Banque d'Haïti.

Il devra, en outre, protéger la Banque contre toute entreprise qui pourrait porter atteinte aux droits résultant à son profit de la présente concession.

Art. 14.

En dehors du service de la Trésorerie dont il va être parlé, la Banque pourra faire toutes les opérations ordinaires d'une Banque d'Émission, de Dépôts, de Prêts et d'Escompte et toutes les opérations de Banque en général.

Art. 15.

La Banque sera chargée du service de la Trésorerie du Gouvernement d'Haïti, et, par suite, de recevoir à l'encaissement toutes les sommes revenant à l'État et notamment les droits de douane sur l'importation et l'exportation.

Elle sera également chargée, dans les limites du Crédit dont il est parlé à l'article 17, d'effectuer tous les paiements pour le compte de l'État, y compris le service des intérêts et amortissements de toute dette intérieure et extérieure.

La Banque prélèvera sur ses encaissements, conformément au budget et à la loi, les fonds nécessaires au service de la dette publique.

Ce service général de paiement et d'encaissement sera l'objet d'un règlement d'administration publique arrêté entre le ministre des finances et la Banque.

Art. 16.

La Banque, en rémunération des services stipulés en l'article ci-dessus, aura un droit de commission de 1 °/₀ sur les encaissements et 1/2 °/₀ sur tous les paiements à l'intérieur.

Les paiements à opérer à l'extérieur donnent lieu à une commission supplémentaire de 1/2 °/₀, la perte du change restant à la charge de l'État.

Art. 17.

Le compte des *Recettes et Paiements* qui s'établira entre le Gouvernement et la Banque par suite de ce service de trésorerie sera arrêté et balancé tous les mois. Les sommes qui peuvent en résulter au débit du Gouvernement seront portées au compte du Crédit que la Banque s'engage à faire à l'État. Ce crédit pourra s'élever à la somme de trois cent mille gourdes.

Art. 18.

L'État délivrera à la Banque, jusqu'à concurrence des sommes dont il sera débiteur envers elle, des bons du Trésor, à son ordre à quatre-vingt-dix jours de la date de leur création.

Il est néanmoins convenu qu'à toute époque l'État sera tenu de délivrer en outre à la Banque, à sa première demande, la somme suffisante en bons du Trésor pour couvrir la différence entre la valeur nominale de ces bons et leur cours réel, si cette différence venait à se produire; mais il est bien entendu que l'État n'aura à rembourser à la Banque que la somme effectivement encaissée par lui.

Le compte spécial des avances de la Banque sera réglé et balancé tous les trois mois. Les sommes ainsi avancées porteront un intérêt fixe de 6 % par an. Il sera, en outre, alloué par l'État une commission de banque de 1/2 % par trimestre.

Si la Banque trouvait opportun d'augmenter le chiffre de ses avances à l'État et de prolonger le terme de l'échéance des bons du Trésor, ces conditions nouvelles seraient l'objet d'une convention spéciale entre l'État et la Banque.

Art. 19.

La Banque, en tant que personne civile, jouira des droits

de citoyen d'Haïti. Elle pourra, en conséquence, contracter, acquérir et posséder des immeubles dans l'étendue du territoire d'Haïti, prendre inscription hypothécaire, exercer toutes poursuites judiciaires, défendre et généralement jouir de tous les droits accordés par la loi aux citoyens de la République.

Le Gouvernement accordera à la Banque la protection militaire indispensable à la sécurité de son siège principal et de ses succursales.

Le Chef de l'État s'interdit dès à présent le droit de grâce pour toute personne poursuivie et condamnée pour contrefaçon des billets de la Banque et contrefaçon de monnaies métalliques.

Art. 20.

La Banque et ses succursales seront entièrement exemptes de toute espèce de taxe et d'impôts. Il en sera de même de tous ses billets, mandats ou chèques.

Art. 21.

Chaque mois la Banque publiera son état de situation dans le *Moniteur*.

Art. 22.

Le fonctionnement de la Banque au Port-au-Prince devra commencer, sauf le cas de force majeure, dans le délai de six mois à dater du reçu de la notification officielle qui sera faite de la promulgation du décret approuvant la concession. Cette approbation devra être donnée dans un délai maximum de trois mois à dater de ce jour, sauf également le cas de force majeure. Dans les huit jours qui suivront la réception de l'avis officiel de l'approbation dont il s'agit, les concessionnaires s'engagent à déposer un cautionnement de 100,000 francs qui sera attribué, à titre d'indemnité, au Gouvernement d'Haïti, si par leur fait la Banque n'était pas constituée dans les délais ci-dessus.

Ledit cautionnement sera remis à la disposition des concessionnaires aussitôt que la Banque sera constituée.

Art. 23.

En cas de divergences sur l'interprétation des clauses et conditions de la concession entre le Gouvernement et la Banque, la contestation sera soumise à des arbitres nommés par le Gouvernement et la Société représentant les concessionnaires.

Dans le cas de partage, lesdits arbitres nommeront un tiers arbitre et leur décision sera en dernier ressort.

|Art. 25.

Toutes les contestations entre la Banque et les tiers à l'occasion d'opérations faites dans l'étendue du territoire d'Haïti seront jugées d'après les lois du pays, et les décisions des Tribunaux appelés à les juger exécutées conformément à ces mêmes lois, sans que la Banque puisse opposer aucune exception d'incompétence.

Toutes assignations, notifications et significations seront valablement faites au siège de la Banque établie au Port-au-Prince.

Les présentes conventions, arrêtées à Paris, ont été signées en double par M. Laforestrie et M. Durrieu, le   juillet 1880.

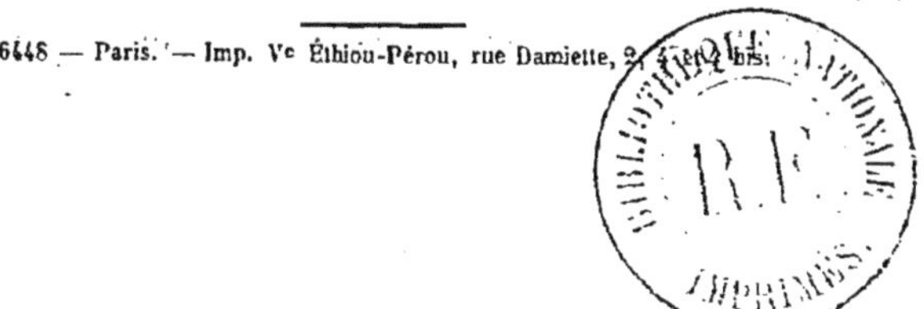

BANQUE NATIONALE D'HAÏTI

RÈGLEMENT

POUR LE

SERVICE DE LA TRÉSORERIE

PARIS

IMPRIMERIE Vᵉ ÉTHIOU-PÉROU

RUE DAMIETTE, 2 ET 4

1882

RÈGLEMENT

POUR LE SERVICE DE LA TRÉSORERIE

SALOMON, Président d'Haïti,

Vu les lois sur la comptabilité publique;

Vu l'article 15 du décret de l'Assemblée nationale du 10 septembre 1880, portant création de la Banque nationale d'Haïti,

Sur la proposition du Secrétaire d'État des Finances et de l'avis du Conseil des Secrétaires d'État,

ARRÊTE ce qui suit :

I

Dispositions générales

ARTICLE PREMIER.

Le budget est l'acte qui prévoit et autorise les recettes et les dépenses annuelles de l'État.

ART. 2.

L'exercice est la période d'exécution des services d'un budget. Cette période commence le 1er octobre pour finir le 30 septembre de l'année suivante.

Art. 3.

Les crédits ouverts pour les dépenses d'un exercice ne peuvent être employés à l'acquittement des dépenses d'un autre exercice.

Art. 4.

Les fonctions d'administrateur et d'ordonnateur sont incompatibles avec celles de comptable ou payeur.

Art. 5.

Aucun arrêté autorisant ou ordonnant des travaux ou des mesures quelconques, ayant pour effet d'ajouter aux charges de l'État, ne peut être soumis à la signature du Président de la République, s'il n'est accompagné de l'avis écrit du Secrétaire d'État des Finances.

Art. 6.

En aucun cas, le double d'une pièce ne peut être fait sur papier de même couleur que l'original.

Art. 7.

Les services du personnel et du matériel doivent être présentés d'une manière distincte et séparée.

Art. 8.

Il doit être fait recette du montant intégral des produits.

Aucun objet de recettes et de dépenses ne sera omis dans les comptes généraux. (Constitution, article 172.) Les frais de perception et de régie, ainsi que les autres frais accessoires, sont portés en dépenses.

Art. 9.

Les Secrétaires d'État ne peuvent, sous leur responsabilité, dépenser au delà du crédit ouvert à chacun d'eux, ni engager aucune dépense nouvelle avant qu'il ait été pourvu au moyen de la payer par un supplément de crédit.

Art. 10.

Le crédit de trois cent mille piastres stipulé en l'article 17 du contrat de la Banque servira par priorité au paiement des appointements, de la solde et de la ration.

II

Budget, Préparation, Votation, Crédits supplémentaires extraordinaires, Répartition des crédits votés par articles

Art. 11.

Chaque année, les différents Secrétaires d'État préparent le budget de leurs départements respectifs. Le Secrétaire d'État des Finances centralise ces budgets et y ajoute celui des recettes pour compléter le budget général de l'État.

Cette préparation doit avoir lieu en temps utile, pour que le budget puisse être soumis aux Chambres dans les huit jours de l'ouverture de la session législative, ainsi que le prescrit l'article 174 de la Constitution.

Art. 12.

Le budget des dépenses est présenté aux Chambres avec ses divisions en chapitres et sections. Il est voté par chapitres et par sections. (Article 172 de la Constitution.)

Aucune somme allouée pour un chapitre ne peut être reportée au crédit d'un autre chapitre et employée à d'autres dépenses sans une loi. (Article 172 de la Constitution.)

Crédits supplémentaires et extraordinaires.

Art. 13.

Les suppléments de crédits nécessaires pour subvenir à l'insuffisance dûment justifiée des fonds affectés à un service porté au budget ne peuvent être accordés que par une loi, sauf le cas de prorogation des Chambres. La même disposition est applicable aux crédits extraordinaires.

Ces derniers concernent des services qui ne pourraient pas être prévus et réglés par le budget.

Art. 14.

Conformément à la loi, le Président d'Haïti a la faculté, en cas de graves atteintes portées à la sûreté publique, d'ouvrir, au moyen d'arrêtés contresignés par tous les Secrétaires d'État, des crédits extraordinaires pour subvenir aux dépenses nécessaires pour des circonstances imprévues.

Ces arrêtés seront, avec les pièces justificatives y afférentes, soumis aux Chambres dès l'ouverture de la session.

Liquidation des dépenses.

Art. 15.

Aucune créance ne peut être liquidée à la charge du Trésor que par l'un des Secrétaires d'État. Les liquidateurs des dépenses publiques sont responsables de l'exactitude des certifications qu'ils délivrent.

Art. 16.

Les titres de chaque liquidation doivent offrir les preuves des droits acquis aux créanciers de l'État, et être rédigés dans la forme réglementaire.

Art. 17.

Seront exécutées dans toute leur teneur : 1° les lois des 2, 20 septembre 1870, 23 juillet et 21 août 1872, portant fixation du personnel des différentes branches du service public et déterminant les émoluments des fonctionnaires et employés; 2° celle du 10 juillet 1877 sur l'organisation judiciaire et fixant les émoluments des fonctionnaires et employés de ce département; 3° celle du 20 septembre 1870 sur l'Instruction publique (personnel et appointements); 4° celles des 16, 20 septembre 1870, 13 octobre 1876, 30 septembre et 1er octobre 1880 sur le cadre de l'armée et fixant les appointements des fonctionnaires du département de la Guerre et de la Marine; 5° celles des 5 août 1872, 11 août 1877, 5, 11 octobre 1880 fixant les appointements des fonctionnaires et employés du département de l'Intérieur, de l'Agriculture et de la Police générale; 6° et toutes celles fixant les émoluments des fonctionnaires et employés actuellement en charge.

Néanmoins, les fonctionnaires et employés, actuellement en dehors du cadre budgétaire, sont maintenus et ne seront pas remplacés en cas de vacance. En attendant que le Gouvernement reconnaisse la nécessité de demander aux Chambres une augmentation d'émoluments, les appointements afférents aux employés hors de cadre figureront au chapitre *Indemnité des budgets respectifs des divers départements ministériels.*

Art. 18.

La loi du 11 novembre 1861 sur le concours sera suivie dans toutes ses stipulations. Le sera également celle du 16 août 1877 sur la direction, le mode de concession et d'exécution des travaux publics.

Néanmoins, le Conseil des Secrétaires d'État consulté préalablement, il pourra être fait sur les marchés étrangers les acquisitions pour compte des différents départements ministériels et au mieux des intérêts de l'État.

Art. 19.

Aucun paiement ne pouvant être effectué que pour l'acquittement d'un service fait, la constatation des droits des créanciers doit toujours précéder l'émission des ordonnances.

Art. 20.

La constatation des droits résulte des rapports, appuyés des pièces justificatives, que les Secrétaires d'État ou chefs des services administratifs établissent par trimestres ou par mois et par créancier, suivant la nature des services et l'exigibilité des créances.

Il est procédé aux liquidations des droits acquis; soit d'office pour les créances à l'égard desquelles il existe des bases et éléments de liquidation dans les bureaux du Ministère compétent, soit d'après les justifications produites par les créanciers eux-mêmes.

Art. 21.

La production des pièces de dépenses ne s'effectue légalement que par l'envoi direct ou le dépôt au Ministère compétent des comptes, factures et autres documents exigés par les règlements, marchés et conventions.

Si le créancier en fait la demande, il lui est délivré un bulletin énonçant la date de sa demande et les pièces produites.

La date de la production est constatée au moyen de l'inscription qui en est faite sur un registre (suivant modèle). Mention de l'enregistrement est faite sur les pièces produites.

<h3 style="text-align:center">Art. 22.</h3>

Aucune pièce produite ne doit être grattée ni surchargée. La partie à consigner est biffée au moyen d'un trait de plume et remplacée par l'énonciation exacte qui doit lui être substituée.

La substitution en interligne ou par renvoi est paraphée ou signée par le liquidateur.

Ordonnancement des dépenses.

<h3 style="text-align:center">Art. 23.</h3>

Aux termes des lois antérieures, aucune sortie de fonds pour dépenses publiques ne pourra être effectuée qu'au préalable ait été dressée, par l'Administrateur principal des Finances, sous sa responsabilité spéciale, l'ordonnance de dépense appuyée des pièces qui constatent que ladite ordonnance a pour effet d'acquitter une dette de l'État régulièrement justifiée.

Les dépenses devant se renfermer dans la limite de la distribution mensuelle des fonds dont il sera parlé plus bas, les Administrateurs ne pourront dresser d'ordonnances au delà des crédits mensuellement disponibles en vertu de l'arrêté de distribution.

Dans le cas où la limite de ces crédits serait atteinte, comme dans celui où il y aurait absence de pièces justificatives, l'ordre du

Secrétaire d'État ne couvrirait pas l'Administrateur principal des Finances.

Art. 24.

Toute ordonnance énonce l'année administrative et le crédit, ainsi que le chapitre et la section du budget auxquels la dépense s'applique; elle porte la date du jour de sa signature par l'Administrateur principal des Finances.

Art. 25.

Les ordonnances de paiement doivent désigner le titulaire de la créance par son nom et au besoin par ses prénoms, si sa qualité, qui doit aussi être énoncée, ne suffit pas pour établir l'identité. Les somme en chiffres inscrites dans le corps d'une ordonnance, ainsi que toutes pièces à l'appui, doivent être énoncées en toutes lettres dans le libellé de l'ordonnateur.

Art. 26.

D'après le principe édicté à l'article 26, les duplicata de feuilles, décomptes et toutes pièces justificatives, devront être dressés sur papier de couleur différente du primata.

Art. 27.

En cas de perte d'une ordonnance ou d'un mandat de paiement, il peut en être délivré duplicata sur la déclaration motivée de la partie intéressée et d'après l'attestation écrite par la Banque, portant que le mandat correspondant à l'ordonnance adirée n'a été acquitté ni par elle ni pour son compte et sur son visa par ses agents.

Il sera, avant tout paiement, fait deux publications, de huitaine en huitaine dans le *Moniteur*.

Les originaux de la déclaration de perte et de l'attestation sont

joints aux mandats de paiement et il en est délivré copie certifiée
à l'ordonnateur.

Art. 28.

Il sera établi des modèles uniformes pour les ordonnances de
paiement à dresser pour chaque Ministère.

Art. 29.

Le Secrétaire d'État des Finances pourvoit à tous les besoins de
trésorerie et veille à ce que la Banque Nationale soit en mesure d'acquitter les dépenses publiques, en temps et lieu, et d'après la teneur
de son contrat. A cet effet, chaque Secrétaire d'État veillera à ce que
les Administrateurs, après avoir dressé les ordonnances de dépenses,
les leur adressent sans retard pour être transmises au Secrétaire d'État
des Finances, chargé de procurer le paiement desdites ordonnances.
Pour être admises, celle-ci devront porter sur un crédit régulièrement ouvert et se renfermer dans la limite de la distribution mensuelle des fonds.

Art. 30.

*Le Secrétaire d'État des Finances, comme il est dit plus bas au
titre des* **Paiements**, *est chargé de la remise des mandats de paiement sur la Banque aux titulaires des ordonnances. Les mandats de
paiement sur la Banque tenant lieu des ordonnances aux ayants droit,
celles-ci restent entre les mains du Secrétaire d'État des Finances,
pour servir au contrôle et être transmises à la Chambre des Comptes,
après paiement régulier et suivant les prescriptions de la loi.*

Art. 31.

*Les ordonnances de paiement étant transmises directement au
Secrétaire d'État des Finances, comme il est dit à l'article 29, les
Secrétaires d'État des autres départements remettent aux titulaires des*

ordonnances une lettre d'avis destinée à être échangée contre le mandat de paiement correspondant sur la Banque.

Art. 32.

Le Secrétaire d'État des Finances ne peut, sous sa responsabilité, autoriser les paiements excédant les crédits législatifs et mensuels ouverts à chaque Ministère.

Art. 33.

Les ordonnances de paiement sont appuyées, au moment où elles sont transmises au Ministère des Finances, des pièces justificatives exigées, et elles sont accompagnées d'une lettre d'envoi.

Ces ordonnances et pièces justificatives sont l'objet, à la Secrétairerie d'État des Finances, d'une révision spéciale, et le Secrétaire d'État des Finances en suit la rectification (ou la régularisation) auprès de ses collègues.

Art. 34.

Les pièces justificatives dont il s'agit à l'article précédent sont déterminées dans des nomenclatures arrêtées entre le Secrétaire d'État des Finances et les Ministères respectivement compétents, en se conformant aux lois ou règlements déjà existants.

III

Distribution mensuelle des fonds

Art. 35.

Il sera, sous la responsabilité personnelle du Secrétaire d'État des Finances, imputé chaque mois, sur le montant de la recette, un douzième du chiffre alloué aux différents départements.

Art. 36.

L'imputation dont il s'agit se fait de la façon suivante : chaque mois, pour le mois suivant, le Secrétaire d'État des Finances propose à Son Excellence le Président de la République, d'après les demandes des autres Secrétaires d'État, d'arrêter la somme des crédits dont chaque département pourra disposer dans le mois suivant.

Art. 37.

Pour les dépenses dont la nature est d'être acquittée mensuellement, telles que : *appointements du personnel, indemnités fixes, entretien normal. loyers d'immeubles, solde et ration des troupes,* la somme à répartir à chaque département ne pourra, en aucun cas, dépasser le douzième du crédit total.

Art. 38.

Pour les autres dépenses, *matériel ou fournitures,* qui ne se font qu'une fois l'an ou à des époques indéterminées, la distribution mensuelle aura lieu après examen contradictoire entre le Secrétaire d'État aux Finances et le Secrétaire d'État intéressé.

La règle à observer sera de se renfermer non seulement dans la limite du crédit alloué pour toute l'année, mais encore de réserver les fonds nécessaires pour les dépenses du même chapitre ou de la même section pendant le reste de l'année.

Art. 39.

S'il y a désaccord entre le Secrétaire d'État des Finances et un autre Secrétaire d'État, le Président de la République prononce entre eux, après avoir pris l'avis du Conseil.

Art. 40.

La répartition mensuelle préparée d'après les règles ci-dessus est consacrée par arrêté présidentiel et alors seulement devient définitive.

Art. 41.

La répartition se fait par chapitre et par section.

Art. 42.

L'arrêté de distribution mensuelle des fonds, aussitôt qu'il a été signé par le Président, est notifié, à la diligence du Secrétaire d'État des Finances, à chacun des autres Secrétaires d'État, aux Administrateurs des Finances, à la Chambre des comptes et au *Directeur de la Banque, au Port-au-Prince.*

IV

Paiement des dépenses.

Art. 43.

Le Secrétaire d'État des Finances pourvoit à ce que toute ordonnance régulière et dans la limite de la distribution mensuelle des fonds soit acquittée dans les délais et les lieux prévus.

Art. 44.

Aux termes de l'article 15 du contrat de Banque devenu loi de la République, les dépenses publiques sont effectuées au Port-au-Prince par la Banque nationale, et dans les autres localités par les succursales ou correspondants de ladite Banque.

Le service de paiement dont il s'agit est réglé par les dispositions suivantes, qui, conformément à l'article 15 du décret du 10 septembre 1880, ont donné lieu à une entente préalable avec la Banque.

V

Émission de mandats de paiement par le Secrétaire d'État des Finances.

Art. 45.

Le Secrétaire d'État des Finances est le seul à émettre des mandats sur la Banque. Ces mandats sont émis à mesure des ordonnancements réguliers. Ils rappellent le numéro et la date de l'ordonnance, le département, le chapitre et la section du budget.

Art. 46.

Ces mandats sont nominatifs; ils ne pourront être payés qu'au titulaire de l'ordonnance pour paiement de laquelle chacun d'eux aura été émis, c'est-à-dire au véritable créancier ayant justifié de ses droits et pour l'acquittement d'un service fait.

Art. 47.

Dans ce but, afin que la Banque n'en ignore et pour qu'elle soit soustraite à toute erreur et dans le but d'éviter, notamment, qu'une même dépense puisse être payée deux fois, le Commissaire spécial du Gouvernement près la Banque sera tenu de communiquer au Directeur de cet établissement au Port-au-Prince les ordonnances de paiement et pièces justificatives, afin que celui-ci les frappe d'un visa spécial. Ce visa sera donné dans un délai de cinq jours francs, à partir de la communication faite par le Commissaire à la Banque.

A l'expiration du délai ci-dessus, la Banque renvoie les pièces au Commissaire, et ne conserve pour toute pièce justificative que le mandat correspondant tiré sur elle par le Secrétaire d'État des Finances, lequel mandat devra être acquitté par la partie prenante, daté et signé par elle. Les personnes ne sachant ni lire ni écrire devront se présenter accompagnées de quelqu'un qui signera pour elles. Le signataire devra, en conséquence, offrir à la Banque des garanties nécessaires; son identité devra être reconnue à l'occasion. L'ordonnance et les pièces à l'appui seront transmises à la Chambre des comptes par le Secrétaire d'État des Finances, après avoir été annulées et perforées par lui.

La Banque ne pourra aucunement s'immiscer dans l'administration. Elle n'aura le droit de suspendre le paiement assigné sur sa caisse qu'autant qu'il y aurait irrégularité matérielle dans les pièces produites, ou bien lorsqu'il n'y aurait pas de disponibilité de crédit chez elle.

Art. 48.

Il y a irrégularité matérielle toutes les fois que les indications de noms, de services ou de sommes portés dans l'ordonnance ou de mandats correspondant sur la Banque ne sont pas d'accord entre elles ou diffèrent de celles qui résultent des pièces justificatives y annexées. Un cas semblable se présentant, la Banque en avise par écrit le Secrétaire d'État des Finances. Celui-ci, après s'être entendu avec le Secrétaire d'État du département duquel émane l'ordonnance, juge si la Banque doit persister dans son refus ou si elle doit néanmoins, en attendant régularisation, passer outre et payer. Dans ce dernier cas, la Banque retient la réquisition à elle adressée par le Secrétaire d'État des Finances et l'annexe dans ses comptes au mandat de paiement qui en a fait l'objet.

Dans le cas où le refus de paiement procéderait de ce qu'il n'y a pas de crédit budgétaire disponible chez elle, la Banque, pour passer outre, devra exiger un arrêté du Président de la République, rendu en Conseil des Secrétaires d'État.

Il n'y a pas de disponibilité de crédit aussi bien lorsque la dépense excède la limite de la distribution mensuelle que lorsqu'elle dépasse le crédit budgétaire annuel. A l'effet ci-dessus, la Banque, à qui l'arrêté de distribution mensuelle est communiqué chaque mois par le Secrétaire d'État des Finances, doit tenir une comptabilité des crédits qui lui permette de se rendre compte si les paiements se maintiennent dans les limites des crédits totaux mensuels.

A cet effet, non seulement les arrêtés de distribution mensuelle des fonds, mais le budget de la République lui-même sont adressés à la Banque aussitôt après avoir été votés par le Corps législatif.

Art. 49.

Ainsi qu'il est dit au titre de l'Ordonnancement, le Secrétaire d'État des Finances est chargé de la remise des mandats sur la Banque aux ayants droit. Cette remise peut s'effectuer sans intermédiaire au Port-au-Prince.

Dans les autres villes, elle se fait par le moyen des Administrateurs principaux des Finances.

Art. 50.

Le Secrétaire d'État des Finances débite les Administrations du montant des mandats expédiés et en crédite la Banque.

VI

**Mode de paiements des appointements
Pensions. — Indemnités. — Locations. — Solde et Ration.**

Art. 51.

Un employé spécial ou un bureau spécial, dans chaque département ministériel, est chargé de dresser, dès le 15 du mois, les états généraux des valeurs à payer ou à servir à tous les bureaux administratifs et à leurs fonctionnaires payés mensuellement et relevant du département en question.

Ces états sont nominatifs et ils sont dressés pour chacune des catégories de dépenses budgétaires suivantes :

1° Appointements et pensions civiles et militaires ou traitements;

2° Locations;

3° Indemnités;

4° Solde de l'armée et ration.

Ces états sont revêtus au bas de la formule de l'ordonnancement, et ils sont effectivement ordonnancés à temps pour que l'émission et l'envoi des mandats correspondant sur la Banque puissent se faire avant la fin du mois.

Les payeurs dont il est parlé plus bas acquittent ces états lorsqu'ils en reçoivent la valeur.

<h3 style="text-align:center">ART. 52.</h3>

Le service de dépense de la Trésorerie devant être centralisé et contrôlé à l'établissement principal de la Banque au Port-au-Prince, et le Directeur de cet établissement, assumant la responsabilité dudit service, tous les mandats tirés par le Secrétaire d'État des Finances pour être payés ailleurs qu'à la capitale, qu'il s'agisse d'états collectifs d'émargements prévus à l'article 51 ou d'autres ordonnances, seront préalablement remis au Directeur de la Banque au Port-au-Prince, pour être échangés contre de simples chèques du Directeur, sur ses succursales ou correspondants.

Les chèques en question seront payés, pour compte de l'établissement principal, par la succursale ou le correspondant désigné. L'échange ci-dessus devra être requis assez tôt pour ne pas entraîner de retard dans les paiements.

Art. 53.

Tous les mois pour le mois précédent, la Banque adresse au Ministère des Finances les relevés d'ordonnances payées pour compte de chaque département ministériel par année administrative. Tous les mois, les écritures de la Banque et celles de la section du contrôle de la Secrétairerie d'État des Finances sont collationnées.

Art. 54.

Les mandats de paiement sont détachés d'un carnet à souche.
La Banque est tenue de les fournir et la valeur lui en est remboursée par le Gouvernement.

Art. 55.

Il n'est plus dressé de feuille individuelle (sauf exception à prévoir en cas de service isolé). Le Président de la République nomme dans chaque arrondissement financier, excepté au Port-au-Prince, un payeur qui est chargé de recevoir le montant de l'état général des appointements, pensions, indemnités, location, solde et ration et de le répartir entre les différents ayants droit contre émargement de chacun de ces derniers.

Art. 56.

Les payeurs de la République expédient chaque mois, aux divers départements, un double des états d'émargement dûment acquitté et tous les doubles réunis à la Secrétairerie des Finances.

Art. 57.

Les autres dépenses budgétaires donnent lieu, comme de coutume, à l'émission d'ordonnances de dépenses spéciales, et sont acquittées sur la demande des chefs des départements ministériels, comme il est spécifié aux articles 43 et suivants.

VII

Clôture de l'Exercice.

Art. 58.

Toutes les dépenses d'une année administrative doivent être liquidées et ordonnancées dans les trois mois qui suivent l'expiration de cette année administrative.

Art. 59.

A l'issue des trois mois accordés pour compléter les opérations de l'année administrative, il est dressé par les Administrateurs principaux des Finances un état des soldes à payer sur l'année écoulée.

Art. 60.

Ces soldes ne pourront être ordonnancés qu'autant que les dépenses auxquelles ils se rapportent se renferment dans les limites du budget précédent.

Art. 61.

Dans ces limites, ils pourront être payés sur les fonds de l'année administrative courante, sinon il sera nécessaire de recourir à un crédit supplémentaire du ressort et de la puissance législative.

Art. 62.

La Banque faisant désormais des avances au Gouvernement dans des conditions plus avantageuses pour le Trésor public, *le*

Secrétaire d'État des Finances n'est plus autorisé à contracter des emprunts dits **sur place**, réglables en droits de douane.

ART. 63.

La Banque ne pourra, en aucun cas, recevoir en paiement les bons dits *compensables*. Elle exigera de ceux qui s'en trouveraient indûment porteurs l'acquittement des droits en espèces ou en traites, conformément à la loi. Les porteurs n'auront aucun recours contre l'État et ne pourront exercer d'action, soit au criminel, soit au civil, que contre le fonctionnaire qui leur aurait délivré le bon.

I

Recettes.

ART. 64.

Aux termes de l'article 15 du décret du 15 septembre 1880, la Banque nationale est chargée de recevoir à l'encaissement toutes les sommes revenant à l'État, et notamment les droits de douane sur l'importation et l'exportation.

ART. 65.

La Banque n'est responsable que des sommes qui lui ont été versées en exécution du présent règlement. Elle ne peut avoir aucune diligence à faire pour le recouvrement des différentes taxes, ni aucune poursuite à exercer.

ART. 66.

En conséquence de l'article 15 du décret du 15 septembre rappelé ci-dessus, en ce qui concerne spécialement les droits de douane, les Administrateurs principaux des Finances dressent, pour chaque recette dûment constatée, un mandat d'encaissement, suivant modèle ci-annexé, lequel mandat est remis au redevable du droit.

Ce dernier, muni du susdit mandat, se présente à la Banque et verse le montant de ses droits.

Indépendamment du mandat d'encaissement délivré à la partie versante et qui doit être retenu comme pièce justificative par la Banque, l'Administrateur principal continue à dresser des ordonnances de recette destinées à appuyer les comptes de la République et à servir, comme par le passé, au contrôle de la Chambre des comptes; seulement, ces ordonnances ne servant plus à l'encaissement sont transmises directement par les Administrateurs à la division compétente de la Secrétairerie d'État des Finances.

Art. 67.

Quant aux autres revenus de la République, quels qu'ils soient, ils sont aussi versés à la Banque en vertu de mandats dressés par les Administrateurs, soit contre les individus fermiers, locataires ou redevanciers à un titre quelconque de l'État, soit contre les comptables spéciaux, tels que Directeur principal de l'Enregistrement ou autres.

Art. 68.

Tous versements faits à la Banque pour le compte du Gouvernement donnent lieu à la délivrance immédiate d'une quittance détachée d'un registre à souche. Cette quittance comprend deux parties, indépendamment de la souche :

1° Un talon;

2° Le récépissé.

Ce dernier est destiné à libérer la partie versante. Le talon sert au contrôle du Gouvernement sur les recettes de la Banque dans les conditions indiquées ci-dessous.

Art. 69.

Le récépissé est libératoire et forme titre envers l'État, à la con-

dition par la partie versante de le faire viser et séparer de son talon dans les vingt-quatre heures par l'Administrateur principal de l'arrondissement.

Art. 70.

Les administrateurs principaux chargés du contrôle ci-dessus visent les récépissés séance tenante, et les rendent immédiatement aux parties versantes, après en avoir détaché le talon, qu'ils adressent tous les huit jours, en liasse, au Secrétaire d'État des Finances.

Art. 71.

Les talons des récépissés sont enregistrés par les Administrations dans des livres spéciaux de contrôle, en sorte que les Administrateurs suivent régulièrement les recettes de la Banque. Tous les mois, on établit la concordance entre les livres de la Banque, ceux du contrôle et les écritures de la Secrétairerie d'État des Finances.

Art. 72.

En ce qui concerne les droits de douane, le récépissé de la Banque sert au redevable à se faire délivrer par la douane la quittance définitive de ses droits et à enlever sa marchandise.

Art. 73.

La Banque, de même que pour les mandats de paiement, fournira au Gouvernement les imprimés de mandats d'encaissement aux frais de l'État.

Art. 74.

Pour les droits d'exportation, le Secrétaire d'État des Finances sera autorisé à les régler d'après le mode établi par les lois de finances votées annuellement.

Art. 75.

Les écritures de la comptabilité publique continueront à être tenues en partie double, en conformité des lois et règlements en vigueur.

DISPOSITIONS TRANSITOIRES

Art. 76.

Le Secrétaire d'État des Finances étant chargé de faire la liquidation et la libération des dettes de l'État pourra, si les recettes des exercices périmés ne suffisent pas à l'acquittement des dépenses de ces exercices, s'entendre, s'il y a lieu, avec la Banque, afin de pourvoir à une libération.

La convention financière qui en résultera et dont les effets pourront permettre cette libération sera soumise à la sanction du Corps législatif, après ratification du Conseil.

Les dispositions du présent règlement ne peuvent, en aucun cas, préjudicier à l'exercice des droits acquis par suite d'opération faite avec l'État.

Ces droits acquis, qu'il s'agisse de bons compensables ou de toutes autres créances régulières contractées antérieurement au fonctionnement définitif de la Banque, seront respectés par cet établissement. A cet effet, le Secrétaire d'État des Finances fournira à la Direction de la Banque un état détaillé de tous les bons et autres titres de créances en circulation.

Art. 77.

Le présent règlement ne recevra sa pleine et entière exécution qu'à partir du 1er octobre prochain.

Donné au Palais National, au Port-au-Prince, le 26 juillet 1881, an soixante-dix-huitième de l'Indépendance.

SALOMON.

Par le Président :

Le Secrétaire d'État des Finances
et du Commerce,

Ch. LAFORESTRIE.

Port-au-Prince, le 29 juillet 1881,
an LXXVIIIe de l'Indépendance.

Section des Finances, n° 321

LE SECRÉTAIRE D'ÉTAT DE LA JUSTICE

Chargé par intérim du département des Finances et du Commerce.

A M. LE COMTE DE MONTFERRAND, SECRÉTAIRE GÉNÉRAL DE LA BANQUE NATIONALE ET DÉLÉGUÉ SPÉCIAL PRÈS LE GOUVERNEMENT DE LA RÉPUBLIQUE.

Monsieur le Comte,

Vu l'article 44 du règlement adopté pour arriver au fonctionnement définitif et complet de la Banque, je m'empresse de vous notifier ce document, en vous priant de me confirmer par écrit l'entente survenue entre le Gouvernement et vous à l'égard des articles ci-après mentionnés, réglant les rapports de la Banque avec le Gouvernement relativement au service de la Trésorerie.

Articles 10, 45 à 50, 52, 53, 54, 62, 63, 64, 65, 66, 67, 68, 69, 70, 71, 72, 73, 74, 75, 76 et 77.

Dans l'attente de votre prompte réponse, je vous prie d'agréer les assurances de ma considération très distinguée.

G. ARCHIN.

Port-au-Prince, le 29 juillet 1881.

Monsieur le Secrétaire d'État,

Vous avez bien voulu me communiquer la partie du règlement d'administration, émis en conformité de l'article 15 du décret du 15 septembre 1880, qui a pour objet de régler le service général de paiement et d'encaissement à effectuer par la Banque, et qui doit être arrêté entre le Ministre des Finances et la Banque.

En conséquence, j'ai l'honneur, en ma qualité de représentant de la Banque nationale d'Haïti, au Port-au-Prince, de donner mon adhésion aux dispositions du règlement destinées à fixer les rapports de l'État et de la Banque en ce qui concerne le service de Trésorerie.

Veuillez agréer, Monsieur le Secrétaire d'État, l'hommage de ma haute considération.

Le Secrétaire général,
délégué spécial près le Gouvernement,

Cte de MONTFERRAND.

Monsieur ARCHIN, *Secrétaire d'État des Finances par intérim.*

2203. — Paris. — Imp. Ve Éthiou Pérou. rue de Damiette, 2 et 4.

1892-1894

BANQUE NATIONALE D'HAÏTI

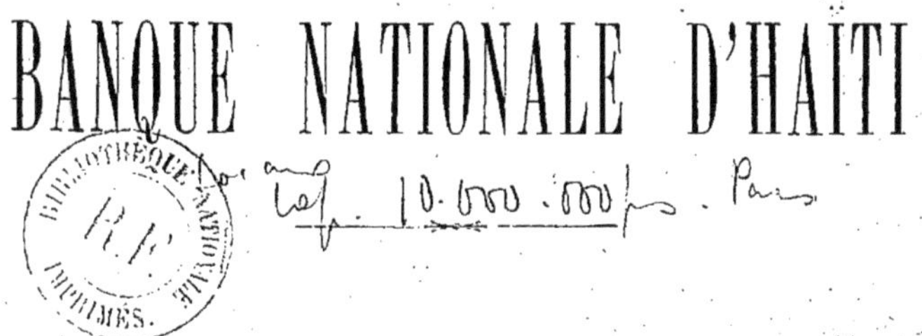

LOI — ARRÊTÉ — CONTRAT — AVIS

Relatifs à la Substitution et à l'Unification du Papier-Monnaie

PARIS

IMPRIMERIE Vᶜ ÉTHIOU PÉROU

RUE DE DAMIETTE, 2 ET 4.

1895

LOI sur la Substitution

DES 29 SEPTEMBRE ET 4 OCTOBRE 1892

La Chambre des Communes,

Considérant qu'il est de notoriété publique qu'un chiffre considérable de billets de caisse détériorés existe dans la République et que la quantité en augmente chaque jour, ce qui en rend la substitution obligatoire ;

Considérant que de nombreuses pétitions, notamment des villes des Cayes, Gonaïves et Port-de-Paix, sont parvenues à la Chambre des Représentants et au Pouvoir Exécutif, à l'occasion des difficultés qui se présentent dans les échanges, et qu'il est nécessaire d'obvier à un tel état de choses préjudiciable aux intérêts des populations tant des villes que des campagnes ;

Considérant de plus que la diversité des types en circulation, particulièrement les billets émis dans le Nord portant les mots :
« État septentrional d'Haïti » comporte une anomalie qu'il faut faire cesser ;

Considérant qu'il est de toute opportunité de se rendre compte de la quantité exacte de papier en circulation et d'en établir le chiffre ;

Considérant enfin qu'il importe de trouver à la question du papier-monnaie une solution économique qui en assure le retrait graduel, régulier et définitif, de déterminer le mode de remboursement et d'en établir à nouveau les bases de l'amortissement,

Usant de l'initiative que lui accorde l'article 69 de la Constitution,

A PROPOSÉ,

Et le Corps législatif a rendu d'urgence la loi suivante :

ARTICLE PREMIER. — Le Gouvernement est autorisé à émettre une somme de P. 4,040,795 gourdes en billets de 1 et de 2 gourdes comme suit : 2,165,795 gourdes en billets de 1 gourde, 1,895,000 en billets de 2 gourdes.

Ces billets auront cours dans toute l'étendue de la République.

ART. 2. — Les billets seront signés par un délégué du Secrétaire d'État des Finances, un membre de la Chambre des Comptes, et, pour contrôle, par le Directeur de la Banque Nationale.

Le Secrétaire d'État des Finances est autorisé à désigner pour chaque série un délégué et un membre de la Chambre des Comptes différents.

Art. 3. — Le libellé, la contexture des billets, leur division en séries, leurs couleurs seront déterminées, d'accord avec la Banque, par un arrêté ultérieur du Président de la République.

Art. 4. — La Banque fera, sous sa responsabilité personnelle, le contrôle de cette émission et prendra à sa charge tout entière tous les frais occasionnés par le retrait des billets de cette nouvelle émission et tous les frais accessoires à cette opération du retrait. Elle recevra une commission de 1 °/₀, une fois payée, sur le montant total des billets substitués.

Pour les années suivantes, cette commission est réduite à 1/2 °/₀ et sera calculée sur le chiffre qui se trouvera en circulation, chaque 1ᵉʳ Janvier.

La Banque est autorisée à se rembourser des frais de fabrication de ces 4,040,795 gourdes créées par cette loi et à prélever les commissions susindiquées, sur les premiers fonds qu'elle aura encaissés et provenant de l'affectation, pour l'extinction de ce Papier-Monnaie, suivant l'article de la présente loi.

Art. 5. — La Banque Nationale sera chargée de faire fabriquer les nouveaux billets de Caisse, d'ordre et pour compte et aux frais de l'État d'Haïti, et de les émettre, sous son contrôle, en vertu de cette loi.

Art. 6. — L'émission des 4,040,795 gourdes, faite en vertu de cette loi, servira :

1° Au retrait immédiat des différentes catégories des billets Papier-Monnaie, actuellement existants qu'il s'agit d'échanger et dont le montant en circulation est fixé comme suit :

Billets de 1 et 2 gourdes de la 1ʳᵉ émission de Salomon . . . P.	4.885
— — — 2ᵉ — —	304.010
— — — 3ᵉ — —	1.736.697
Billets de 1 et 2 gourdes, émission de la République Septentrionale	1.995.203
Total . . . . P.	4.040.795

Tous les billets de Papier-Monnaie appartenant aux catégories désignées à l'article précédent, cessent d'avoir cours à partir du 1er Juillet 1893.

Néanmoins il ne sera pas substitué plus que la valeur des papiers présentés à l'échange.

Art. 7. — Le mode d'exécution de l'échange des billets Papier-Monnaie ci-dessus désignés, sera arrêté par le Gouvernement qui transmettra à la Banque les instructions relatives aux dispositions et aux mesures qu'il croira devoir pres-crire, pour assurer le contrôle des billets à retirer de la circulation et plus spécia-lement des anciens billets Papier-Monnaie qui n'ont pas été émis sous le contrôle de la Banque Nationale.

Art. 8. — Les billets retirés de la circulation, après vérification, seront an-nulés, perforés et livrés aux flammes au fur et à mesure, en présence de l'Admi-nistrateur des Finances, du Juge de paix, du Magistrat communal et du Comman-dant de la place et de la commune.

Art. 9. — A partir du 1er Janvier 1893, lorsque les droits affectés au remboursement de l'emprunt du 6 Mars 1890 seront redevenus livres, le Gouver-nement d'Haïti est autorisé, en vertu de cette loi, à déléguer à la Banque Natio-nale, au nom de la République d'Haïti, et pour compte de tous les détenteurs et porteurs des billets Papier-Monnaie créés en vertu de cette loi, à titre d'affecta-tion spéciale pour le retrait graduel de tous les billets de cette émission de G. 4,040,795, les mêmes droits de 50 centimes or par lbs. 100 de café, à prélever sur les droits d'exportation qui, en vertu de l'article 6 de la loi du 28 Octobre 1887 ont été affectés déjà à l'extinction des billets de Papier-Monnaie. Ces droits sont et seront perçus en or américain; l'État s'interdit de toucher et le Gouvernement d'Haïti ne pourra toucher à ces fonds provenant de l'affectation susmentionnée pour quelque cause que ce soit, ni émettre des bons compensables pour ces droits d'exportation, ni rien diminuer à cette garantie des droits désignés ci-dessus pour l'extinction du Papier-Monnaie, tant que tous les billets de cette émission de G. 4,040,795 créée en vertu de cette loi ne seront pas complètement retirés de la circulation et remboursés comme il est dit à l'article 11 ci-après.

Art. 10. — La *Banque Nationale d'Haïti* sera seule chargée, comme par le passé, de percevoir les droits d'exportation de G. 0,50 par cent livres de café désignés à l'article précédent, au profit exclusif de tous les détenteurs et porteurs des billets de caisse créés en vertu de cette loi, jusqu'à leurs remboursement et extinction complets et entiers.

Art. 11. — En vertu de cette délégation, la Banque Nationale est autorisée à accumuler dans un compte spécial dénommé « Émission de G. 4,040,795 », les fonds provenant de la dite affectation, désignée dans les articles précédents, pour servir exclusivement et spécialement à l'extinction de ces billets de papier-monnaie créés en vertu de cette loi, et faire au fur et à mesure le remboursement en or, au pair, de ces G. 4,040,795. Le retrait graduel et le remboursement se feront semestriellement par série entière de P. 125,000 pour lesquelles la Banque est autorisée à payer aux détenteurs ou porteurs des billets de la série dont le retrait a été décidé par le tirage au sort, la somme de P. 125,000, or américain; soit pour chaque gourde, un dollar.

Art. 12. — Le tirage aura lieu publiquement. Il sera fait, d'ordre du Gouvernement d'Haïti, par la diligence de la Banque Nationale, en présence du Secrétaire d'État des Finances et de l'Intérieur ou de leurs délégués, du Commissaire du Gouvernement près la Banque Nationale, du Président de la Chambre des Comptes ou de son délégué, d'une commission nommée à cet effet par le Secrétaire d'État des finances et du Directeur de la Banque ou de son délégué.

Le tirage au sort se fera chaque premier mardi des mois de Janvier et de Juillet, à partir de 10 heures du matin, par série entière de 125,000 gourdes. Le premier tirage au sort aura lieu le premier mardi du mois de Janvier 1894.

Ne pourront participer au tirage au sort que les séries dont tous les billets, soit toutes les P. 125,000 la composant, auront été mises en circulation.

Il sera dressé procès-verbal en double du résultat du tirage, dont l'un pour le Gouvernement et l'autre pour la Banque.

Art. 13. — Le remboursement des billets de la série désignée par le tirage au sort sera effectué, au pair, en or américain, par la Banque Nationale, à partir du lendemain de la remise du procès-verbal constatant le résultat de ce tirage au sort.

Le procès-verbal fera foi, et la lettre de la série sera affichée à la porte de la Banque, de ses succursales et agences, et sera publiée au « Moniteur ». Le paiement des billets de cette série se fera aux guichets de l'établissement principal de la Banque, à Port-au-Prince, tous les jours où il seront ouverts, de 10 heures du matin à midi, et de 2 à 4 heures de l'après-midi. Mais il est facultatif à la Banque Nationale de rembourser toute somme au-dessous de cinq gourdes ou toute fraction jusqu'à cinq gourdes en argent américain, en payant, dans ce cas, pour chaque gourde, un dollar argent américain.

Art. 14. — La Banque est tenue de faire publier au moins deux fois par mois, dans le « Moniteur officiel », un compte des fonds accumulés et une analyse des séries et billets qui se trouvent en circulation.

Art. 15. — Lorsqu'il y a excédent de recettes sur les besoins pour le retrait semestriel et les frais, ces fonds restent accumulés dans la caisse de la Banque, afin de servir à combler la moins-value des recettes des autres mois et de la morte-saison.

Cependant chaque fois que les excédents des recettes le permettront et attoindront une somme suffisante pour le remboursement d'une série tout entière, le Gouvernement, s'il le juge nécessaire, en tenant compte des recettes éventuelles des mois suivants, autorisera la Banque à procéder au retrait d'une série, comme il est prévu aux articles précédents. Dans ce cas, il en donnera avis au public dans le « Moniteur officiel ».

Art. 16. — Après leur remboursement, les billets de cette émission de P. 4,040,795 gourdes, seront annulés, perforés et remis à la commission déléguée à cet effet par le Secrétaire d'État des Finances avec mission d'en donner bonne et valable décharge à la Banque Nationale.

Ces billets seront ensuite livrés aux flammes, en présence de cette même commission et de deux employés de la Banque, délégués par le Directeur de cette institution.

Procès-verbal en sera dressé, en double, dont l'un pour le Gouvernement, et l'autre pour la Banque.

Art. 17. — Le Secrétaire d'État des Finances rendra compte de toutes les opérations ayant trait à la substitution, dès l'ouverture de la prochaine session des Chambres Législatives.

Art. 18. — La commission de 1 $\frac{1}{2}$ % sur la circulation actuelle de la troisième-émission-Salomon, contrôlée par la Banque, cessera dès que la substitution de 1,736,697 gourdes en sera complète.

Art. 19. — Le Gouvernement, à défaut de la Banque, pourra contracter sur les bases établies dans la présente loi avec toute personne ou groupe de capitalistes offrant les mêmes avantages et sécurité.

Art. 20. — Les plaques, matrices, etc., ayant servi à cette opération, seront détruites en présence des Représentants officiels de la République.

Procès-verbal en sera dressé et expédié au Secrétaire d'État des Finances.

Art. 21. — La présente loi abroge toutes les lois et dispositions de lois qui lui sont contraires.

Elle sera imprimée, publiée et exécutée à la diligence du Secrétaire d'État des Finances.

Donné à la Maison Nationale, au Port-au-Prince, le 29 Septembre 1892, an 89ᵉ de l'Indépendance.

Le Président du Sénat,   *Les Secrétaires,*
  B. MAIGNAN.   DÉSINOR ST.-LOUIS ALEXANDRE,   S. DUBUISSON fils.

Donné à la Chambre des Représentants, au Port-au-Prince, le 29 Septembre 1892, an 89ᵉ de l'Indépendance.

Président de la Chambre,   *Les Secrétaires,*
PÉTION-PIERRE ANDRÉ, Avocat.   JH. OSSON,   DALZON.

AU NOM DE LA RÉPUBLIQUE

Le Président d'Haïti ordonne que la loi ci-dessus du Corps Législatif soit revêtue du sceau de la République, publiée, imprimée et exécutée à la diligence du Secrétaire d'État des Finances et du Commerce.

Donné au Palais National de Port-au-Prince, le 4 Octobre 1892, an 89ᵉ de l'Indépendance.

                                                              HYPPOLITE.

     Par le Président :
Le Secrétaire d'État des Finances et du Commerce,
     F. MARCELIN.

(Moniteur officiel de la République d'Haïti — Nᵒ 41 — 8 Octobre 1892.)

ARRÊTÉ de Réglementation

DU 16 DÉCEMBRE 1892

HYPPOLITE, *Président d'Haïti.*

Vu les articles 97 de la Constitution, 3, 4, 5, 6 et 7 de la loi du 29 Septembre 1892 ;

Considérant qu'il importe de déterminer, dès à présent, le mode de fabrication des billets de caisse dont l'émission est autorisée par la loi sus-visée, le libellé, la contexture de ces billets, leur division en séries et leur couleur, ainsi que le mode d'exécution de l'échange ou de la substitution des billets actuellement en circulation ;

Sur le rapport du Secrétaire d'État des Finances et du Commerce,

Et de l'avis du Conseil des Secrétaires d'État,

A arrété et arrête ce qui suit :

ARTICLE PREMIER. — La Banque Nationale est autorisée à faire fabriquer et à émettre, pour compte du Gouvernement, une somme de G. 4,040,795 dont G. 2,165,795 en billets d'une gourde et G. 1,875,000 en billets de deux gourdes.

ART. 2. — Les billets d'une gourde seront imprimés sur papier blanc ; ils seront divisés en dix-sept séries de G. 125,000 et en une série de G. 40,795. Les dix-sept premières séries porteront les lettres B, C, D, F, G, H, J, K, L, M, N, P, Q, R, S, T, V et seront numérotées, chacune, de 1 à 125,000 ; la dernière série portera la lettre X et sera numérotée de 1 à 40,795. Chaque billet, outre la lettre et le numéro de la série, portera au recto, en tête, ces mots : Liberté, Égalité, Fraternité, République d'Haïti ; un peu plus bas, sur un fond nuancé de jaune, le libellé suivant : « Ce billet émis pour compte de l'État d'Haïti, sous le contrôle « de la Banque Nationale, a cours dans toute la République pour la valeur d'une « gourde et son remboursement est garanti par 50 centimes de droits fixes « d'exportation sur le café, en vertu de la loi du 29 Septembre 1892 ; » à droite du libellé les armes de la République, et à gauche le portrait de Jean-Jacques Dessalines.

Il sera signé par un délégué du Secrétaire d'État des Finances, par un membre de la Chambre des Comptes et, pour contrôle, par le Directeur de la Banque Nationale. Au verso, sur un fond rouge, seront imprimés à l'encre noire, au milieu de deux grands 1, indiquant la quotité du billet, ces mots : « Ceux qui auront « contrefait ou falsifié les billets de cette émission, ainsi que ceux qui auront fait « usage de ces billets contrefaits ou falsifiés, seront punis conformément à la loi. »

Art. 3. — Les billets de deux gourdes seront imprimés sur papier blanc et divisés en quinze séries de P. 125,000 portant les doubles lettres AB, BC, CD, DE, EF, FG, GH, HI, IJ, JK, KL, LM, MN, NO, OP; chaque série numérotée de 1 à 62,500. Le libellé et la contexture de ces billets seront les mêmes que ceux des billets d'une gourde avec la différence qu'au libellé qui se trouvera, au recto, sur un fond nuancé de rouge, — au lieu de jaune, — le mot Deux remplacera le mot Une ; et au verso, un fond bleu remplacera le fond rouge, et les chiffres 2, les chiffres 1.

Art. 4. — Il sera désigné par le Secrétaire d'État des Finances un délégué pour la signature de chacune des trente-trois séries ci-dessus mentionnées, conformément à l'article 2 de la dite loi du 29 Septembre 1892.

Art. 5. — Le Secrétaire d'État des Finances nommera, avec l'agrément du Président d'Haïti, une commission de neuf membres qui sera chargée de contrôler toutes les opérations de l'émission et de la substitution.

Le Président d'Haïti désignera le président de cette commission, dont chaque membre recevra une rémunération mensuelle de P. 200.

Art. 6. — La Commission se constituera en permanence aussitôt que les billets, dont l'impression se fera aux États-Unis d'Amérique, commenceront à entrer dans le Pays. Elle restera en fonctions jusqu'à la fin des opérations qui ont motivé sa création, si le Gouvernement ne juge pas à propos de prononcer plus tôt sa dissolution.

Elle siégera au local de la Banque Nationale et tous les livres, papiers, imprimés et autres objets dont elle aura besoin pour le travail qui lui est dévolu, lui seront fournis par cet Établissement, aux frais de l'État.

Aucune décision ne pourra être prise par la Commission qu'à la majorité absolue de ses membres.

Art. 7. — Au fur et à mesure de l'arrivée des billets, la Commission, sur l'avis du Secrétaire d'État des Finances, se rendra à la douane et assistera à la vérification des colis qui les contiennent.

Un procès-verbal indiquant la quantité des billets reçus sera dressé à chaque vérification.

Un double en sera remis au Secrétaire d'État des Finances, et un autre à la Banque Nationale.

Aucun colis contenant ces billets ne pourra être délivré à la Banque sans l'accomplissement des formalités qui précèdent.

Art. 8. — En recevant les billets, la Banque Nationale les remettra, au fur et à mesure que celle-ci le demandera, à la Commission qui, après avoir constaté l'exactitude des quantités délivrées, les distribuera, selon l'ordre des séries, d'abord aux délégués du Secrétaire d'État des Finances, et ensuite aux membres de la Chambre des Comptes.

Ces deux premières signatures obtenues, et les billets rendus, comptés et trouvés justes, la Commission les passera au Directeur de la Banque Nationale qui, après les avoir signés à son tour, les retournera à la Banque, chargée de procéder au retrait et à l'échange des billets de caisse actuellement en circulation, conformément au dernier alinéa de l'article 6 de la loi susvisée, qui dispose qu'en aucun cas, les billets mis en circulation ne pourront dépasser le nombre des billets échangés.

Un procès-verbal en due forme et revêtu de toutes les signatures des personnes intéressées, sera dressé en triple original, pour chacune des opérations susénoncées.

Un double en sera expédié chaque fois au Secrétaire d'État des Finances, par les soins du président de la Commission.

Art. 9. — L'échange des billets en circulation contre ceux de la nouvelle émission se fera par la Banque Nationale, aux guichets de son principal établissement, à Port-au-Prince, et dans les autres villes, aux guichets de ses succursales et agences.

A cet effet, tout porteur de billets à échanger les remettra à la Banque, accompagnés d'une fiche qui lui sera fournie, signée par lui et indiquant la somme présentée à l'échange, ainsi que la quantité et la quotité de chaque type de billets. Un reçu provisoire lui sera délivré d'ordre et pour compte du Gouvernement.

Art. 10. — Après avoir compté et classé les billets qu'elle aura reçus pour être échangés, la Banque les remettra, en présence du déposant, à la Commission, avec une autre fiche, ayant un numéro d'ordre détaché d'un livre à souches, et indiquant le nom du déposant, la somme totale déposée et tous les détails de quantité et de quotité de chaque type de billets.

Art. 11. — La Commission vérifiera, en présence du déposant, les billets reçus de la Banque Nationale, et remettra au déposant, en échange du reçu provisoire, un *Bon à payer* ayant un numéro d'ordre détaché d'un livre à souches, et indiquant la quantité et le type des billets de une et deux gourdes dont elle aura ordonné l'échange.

Elle retournera ensuite les billets vérifiés au service de la Trésorerie de la Banque, pour être annulés et perforés, en les accompagnant d'une fiche ayant un numéro d'ordre, détaché d'un livre à souches, et portant également le nom du déposant, la somme totale à échanger et le détail des quantité et quotité de chaque type de billets.

La fiche et le bon, ainsi que les souches, seront datés et signés du Président et du membre receveur de la Commission.

Art. 12. — La valeur du bon trouvée d'accord avec celle des billets retournés par la Commission, le dit bon sera visé *Conforme* par le Chef du service de la Trésorerie, remis au Caissier de la Banque, et payé en billets de la nouvelle émission,

Art. 13. — Dans les succursales et agences de la Banque, les billets reçus dans les formes présentées par les articles précédents, seront mis en paquets séparés, en présence du déposant, fermés et scellés tant par lui que par la Banque, pour être expédiés, accompagnés de la fiche du déposant, par première occasion, à la Maison principale de Port-au-Prince qui les remettra à la Commission, comme il est dit à l'article 10.

La Commission, à la remise du paquet, donnera à la Banque un certificat de réception, et, après vérification du contenu, en retour de ce certificat, lui remettra le *Bon à payer*. La Banque adressera à la succursale, ou l'agence, le dit *Bon à payer*, pour être délivré au déposant, contre le reçu provisoire donné à ce dernier.

Art. 14. — Afin de faciliter l'échange de leurs billets, les petits détenteurs auront la faculté de les soumettre, jusqu'à concurrence de P. 50, à la vérification de l'Administration des Finances qui, après l'accomplissement de cette formalité, leur délivrera le *Bon à payer*.

L'Administrateur fera immédiatement la remise de ces billets, accompagnés d'une fiche, comme il est dit à l'article 11 précité, aux succursales et agences de la Banque, lesquelles, la valeur ayant été trouvée d'accord avec la fiche, paieront le « Bon » en billets de la nouvelle émission.

Art. 15. — Lorsque les billets créés en vertu de la loi seront amortis en totalité, la Banque aura la faculté d'émettre ses propres billets remboursables à vue et au porteur, en coupures de une et de deux gourdes.

Art. 16. — Tous les frais occasionnés par le retrait des billets actuellement en circulation, leur classement et leur brûlement sont à la charge de la Banque Nationale.

Art. 17. — Conformément à l'article 8 de la loi du 29 Septembre 1892, la Banque, chaque lundi, après-midi, ou le jour suivant, si le lundi est un jour férié, fera, sous la surveillance et le contrôle de la Commission, procéder au brûlement des billets retirés de la circulation pendant la semaine précédente. L'opération aura lieu par les soins du Directeur de l'établissement, assisté du Commissaire spécial du Gouvernement près la Banque et en présence des autorités désignées par l'article 8 précité.

Procès-verbal de chaque brûlement sera dressé, séance tenante, en double expédition, dont l'une sera remise au Secrétaire d'État des Finances, et l'autre à la Banque pour lui servir de bonne et valable décharge.

Art. 18. — Le présent arrêté sera imprimé, publié et exécuté à la diligence du Secrétaire d'État des Finances et du Commerce.

Donné au Palais national de Port-au-Prince le 16 Décembre 1892, an 89e de l'Indépendance.

HYPPOLITE.

Par le Président :

Le Secrétaire d'État des Finances,
F. MARCELIN.

(Moniteur officiel de la République d'Haïti — N° 51 — 17 Décembre 1892.)

CONTRAT de Substitution

DU 16 DÉCEMBRE 1892

entre le Gouvernement d'Haïti et la Banque Nationale d'Haïti.

Entre M. F. Marcelin, Secrétaire d'État des Finances et du Commerce, agissant au nom du Gouvernement d'Haïti, avec l'approbation du Conseil des Secrétaires d'État, et conformément à la loi sur le retrait et la substitution du Papier-Monnaie, actuellement en circulation, votée par le Corps Législatif, d'une part ;

Et M. Louis Hartmann, Directeur de la *Banque Nationale d'Haïti,* agissant au nom de cette institution, d'autre part ;

Il a été convenu et arrêté ce qui suit :

Article premier. — La Banque Nationale est chargée de l'opération de la substitution du Papier-Monnaie, actuellement en circulation, telle qu'elle a été arrêtée et indiquée par la loi du 29 Septembre 1892, et conformément aux conditions et au texte de cette loi, telle qu'elle se trouve imprimée dans le « Moniteur » du 8 Octobre 1892, au numéro 41, dont un exemplaire est annexé au présent contrat.

Art. 2. — La Banque Nationale s'engage à faire fabriquer par « l'*American Bank Note Company* » de New-York, imprimés sur le papier dont un échantillon est joint au présent contrat, les **2.165.795** billets de une gourde, et les **987.500** billets de deux gourdes, représentant ensemble une valeur de $ **4.040.795**, gourdes, créés en vertu de cette loi (article 1er) et conformément au libellé et à la contexture des billets qui ont été déterminés, d'accord avec le Gouvernement (article 3), moyennant la somme de $ **95.750**, or, (quatre-vingt-quinze mille sept cent cinquante dollars, or américain), commission, transport, assurance, et tous frais généralement quelconques y compris.

Il est accordé à la Banque, sur cette somme, un intérêt de 1 $^1/_2$ % (un et demi pour cent) par mois, durant quatre mois, pour avance de fonds.

Conformément à l'article 9 de la loi, elle est autorisée à encaisser, à partir du 1er Janvier 1893, les cinquante centimes or, par cent livres de café, provenant des droits d'exportation, à l'effet de se rembourser, sur les premières rentrées, de ses frais de fabrication et de tous les frais énumérés ci-dessus.

Art. 3. — Par ces mots, à l'article 4 de la susdite loi : « La Banque fera, « sous sa responsabilité personnelle, le contrôle de cette émission, »

Il est compris que :

« La responsabilité de la Banque, pour ce qui est de ce contrôle, s'entend « par l'authenticité qu'elle donne, par sa signature, aux billets de Papier-Mon-« naie, dont la valeur ne pourra pas dépasser $ 4.040.795, gourdes, soit :

« En billets de une gourde. . . . . $ 2.165.795
« et en billets de deux gourdes. . . . . $ 1.875.000
« qu'elle est autorisée, en vertu de la loi, à créer et à émettre, pour le compte « de la République d'Haïti, en substitution du Papier-Monnaie, actuellement en « cours, dans les limites et conformément à l'article 6. »

Art. 4. — En conformité de l'article 7 de la loi, l'arrêté de Son Excellence le Président d'Haïti, en date du 16 Décembre 1892, dont un exemplaire est annexé au présent contrat, et auquel la Banque se conformera, établit le mode d'exécution de l'échange des billets Papier-Monnaie.

Art. 5. — La Banque Nationale aura à mettre à la disposition de la Commission de Contrôle du retrait et de la substitution du Papier-Monnaie, nommée conformément à l'arrêté dont il est question dans l'article précédent, et aussitôt qu'elle entrera en fonctions, le rez-de-chaussée de sa maison, contiguë à l'Hôtel de la Banque, moyennant un loyer de $ 150 or, par mois.

La Banque est chargée de l'installation du local pour y recevoir dignement la Commission, et elle lui fournira tous les livres, papiers et imprimés ou autres objets dont elle aura besoin pour son travail.

Elle est autorisée à payer mensuellement la rémunération qui est allouée à chaque membre de la susdite Commission, suivant l'arrêté ci-joint.

Elle est autorisée aussi à payer, au fur et à mesure de la remise de chaque séria dont tous les billets auront été signés conformément à la loi, la somme de $ 600 gourdes, allouée par série à chaque signataire.

La Banque prélèvera sa commission de 1 °/₀ (un pour cent) suivant la loi, au fur et à mesure, sur la valeur des billets substitués.

Elle se remboursera de tous ces débours au fur et à mesure sur les fonds qu'elle aura encaissés et provenant de l'affectation des cinquante centimes or par cent livres de café des droits d'exportation désignés par l'article 9 de la susdite loi.

La Banque tiendra un compte spécial de ces débours, dénommés : « Compte « de Frais pour la substitution des billets désignés à l'article 6 de la loi du 29 Sep- « tembre 1892 », dont elle remettra un extrait, à la fin de chaque mois, au Secrétaire d'État des Finances.

Art. 6. — Le Secrétaire d'État des Finances avisera la Banque de la nomination de la Commission de Contrôle du retrait et de la substitution et lui donnera les noms des membres et du Président qui composent cette Commission.

Il indiquera aussi à la Banque les noms de tous les signataires des nouveaux billets, choisis par lui.

Art. 7. — Au fur et à mesure que les formes des billets reçus de la Commission seront devenues Papier-Monnaie de l'État propre à l'émission, la Banque Nationale en créditera dans ses livres un compte spécial dénommé : « Compte « Billets, Émission loi du 29 Septembre 1892 », et elle débitera ensuite ce même compte au fur et à mesure du paiement des « Bons à payer » émis par la Commission.

Fait en double, dont l'un pour le Secrétaire d'État des Finances et l'autre pour la Banque Nationale.

Port-au-Prince, le 16 Décembre 1892.

Le Directeur de la Banque Nationale,   *Le Secrétaire d'État des Finances et du Commerce,*

Signé : Louis HARTMANN.   *Signé :* F. MARCELIN.

AVIS

De la Secrétairerie d'État portant nomination de la Commission de Contrôle et des Délégués du Département des Finances pour les Signatures.

Conformément à l'article 5 de l'arrêté du 16 Décembre 1892 et avec l'agrément de Son Excellence le Président d'Haïti, ont été nommés membres de la Commission chargée de contrôler les opérations de l'émission et de la substitution :

MM.	MM.
Ed. PAUL, Sénateur,	Edmond HÉRAUX,
R. HYPPOLITE, Député,	Arnil SAINT-ROME,
D. JEAN-JOSEPH,	Admète MALBRANCHE,
Hérard ROY,	JÉRÉMIE.
T. AUGUSTE,	

Conformément à l'article 4 de l'arrêté de Son Excellence le Président d'Haïti en date du 16 Décembre 1892, ont été nommés délégués du département des Finances pour la signature des billets de la substitution : .

MM.	MM.
Cléoméne LESPINASSE,	Rosalva CÉLESTIN,
A. ROCHE,	Edmond MARCELIN,
Saint-Cap BLOT,	Sturla POULLE,
M. RÉGNIER,	Blanc MOÏSE,
Dutton ARMAND,	Calice LEREBOURS,
Auguste DUPONT,	C. PÉNETTE,
Tertullien DUCHATELLIER,	Normil MARCELIN,
Riper HONORAT,	Eugène RIVIÉRE,
Thomas MILLS,	Edgar PÉTION,
Ernest THÉBAUD,	LAFLEUR,
Charles WILLIAMS,	Vergnaud DUPLESSIS,

MM,

O. Ritter Domond,
Délices Lerebours,
O. Carié,
Seymour Thézan,
Clément Lafontant,
Annulysse André,

MM.

Fléchier Anselme,
Eugène Pouilh,
Clément Kernizan,
Pyrrhus Laferriére,
F. Féquière.

Ultérieurement, le Sécrétaire d'État des Finances désignera le délégué affecté à chaque série.

(*Moniteur officiel de la République d'Haïti* — N° 3 — 14 Janvier 1893.)

NOTA. — Par suite des circonstances, les délais de démonétisation des diverses catégories d'anciens billets ont été prorogés successivement, jusqu'au 31 Décembre 1894, époque à laquelle le remplacement de tous les anciens types par le nouveau type légal est devenu un fait accompli.

6511. — Paris. — Imp. Vᵉ Éthiou Pérou, rue de Damiette, 2 et 4.

6544. — PARIS. — IMPRIMERIE VEUVE ÉTHIOU PÉROU, RUE DE DAMIETTE, 2 ET 4.